企業を変える
女性のキャリア・マネージメント

●●●●

金谷千慧子
Kanatani Chieko

中央大学出版部

はじめに

　21世紀は，女性が自立して働き，活躍することが当たり前の社会になります．わが国の企業は，業種や経営規模を問わず，加速する国際化，情報化，ハイテク化，ソフト化，サービス化，高齢化，女性の社会参画化に対しての対応を迫られています．改正男女雇用機会均等法や男女共同参画社会基本法の制定を契機に，教育訓練や配置転換・昇進などあらゆる人事戦略が改革されつつあり，女性の活躍ぶりが目に見える形になりました．やりがいがあります．

　企業の経営資源は，ヒト，モノ，カネの基本三要素以外に，情報，ノウハウ，技術などがありますが，中でも人的要素は最も重要です．その人的資源の半数は女性です．その女性社員を男性社員と同じように開発強化させることが，最も緊急の企業の課題です．女性の登用を押し進めることを企業の基本方針に据え，評価制度を変え，女性のエンパワメントを促進することが今求められています．

　近年，企業の倒産が続いており，2009年9月現在，完全失業率は5.3％（女性は4.9％），347万人に達しています．勤務の継続ということでは厳しい状況ですが，労働移動が起こるという新たな現象を顕しています．変化の時代に新しい産業は必須であり，新しいビジネスチャンスが広がっています．女性が融資を受けにくい状況にはあまり変化がありませんが，店舗も事務所も比較的安く借りられ，有能な人材を確保しやすいという利点もあります．起業にはチャンスです．現在，70年代初頭，80年代中盤に続く第三次起業ブームといわれ，起業が景気回復の起爆剤になるのではと，国や地方自治体などが起業支援に乗り出しています．大学でも民間でも，起業支援セミナーが盛んです．社会貢献と自己実現の夢をNPOで実現している女性たちも増えています．仕事で成功を目指す場合でも，多様な選択肢から自分で決定し，スタートしたいものです．

本書の第1章・第2章では，女性が自分なりの成功・成就を目指す活動を示しています．第3章・第4章では女性社員の能力発揮のための戦略や対策を論じ，企業が女性活用の方針を打ち出すことで企業文化の変革を促し，企業の成長とイメージに大きく貢献する活動の道筋を示しています．全体を通して，『企業を変える 女性のキャリア・マネージメント』というテーマを把握していただけるように構成しています．それぞれの章末には，各章に関する課題として挙げられる事項について自分自身でチェックできるワークシートを添付していますので，読み物としてだけではなく，研修等のテキストとしてもお使いいただけます．

　企業でキャリアを積もうとしている人，せめて結婚・出産までは自分の力を思い切り発揮したいという人，再就職はどの分野で，今後どの分野で活躍できるかの情報を求めている人，パートの働き方は変わってきたのかを知りたい人，また，「もう会社に縛られない！」と新たな自己実現を求めて会社を起こしたり，SOHO，ワーカーズコレクティブ，NPOなどを考えている人，みなさんにお役立ていただければ幸いです．

　女性と仕事に関する私の活動の始まりは，80年代の地球レベルの国際的な女性解放の奔流でした．大きな流れに否応なく巻き込まれ，時にはおぼれそうになりながらも懸命に走り続け，「人を活かす，組織を活かす，女性の能力を拓く」という活動理念をもって大阪で「女性の仕事研究所」を立ち上げたのは，1993年のことです．2000年にはそれが特定非営利法人として認定され，東京事務所も設けました．経験豊富な社会人，ボランティアや学生など，さまざまな方がたの力を借りられるようになり，活動の幅はますます広がっています．それに伴い，NPO法人としての力ももっとつけなければならなくなってきました．「NPOとしての志」と「経営」をどう一致させていくのかということも，重要な課題です．

はじめに

　これまでの「実践的」研究の積み重ねは本書にまとめさせていただきましたが，今後も理念を変えることなく，女性が「個」として自立し，社会に存在感をもって生きていくために，ゆとりと豊かさと生きがいを感じられるよう，活動していこうと思っております．

金谷　千慧子

CONTENTS

はじめに i

第1章　成功へのキャリア・デザイン

第1節　スタートアップ，成功を目指す人に

1　ジェンダーとキャリア▶ジェンダーとキャリア　3／学生の就職問題と就業意欲　3／ジェンダーと企業組織　4

2　キャリアアップとリーダーシップ▶女性の能力発揮は，企業にも有利に　5／ポジティブ・アクションの可能性　5／男性管理職の意識改革と，女性側のやる気と勇気　6

3　女性と起業▶キャリア女性の転身としての起業　6／自分らしく，好きなことを仕事に　7／市民活動とコミュニティ活動　7／ワーカーズコレクティブ　8

第2節　もう一度，成功を目指す人に

1　パートタイム労働・派遣労働▶日本的パートタイム労働の特徴　8／M字型就業形態とパートタイム労働　9／年金法の改正に向かって　10／パートタイムの働き方を「成功のキャリア」といえるために　10／諸外国のパートタイム労働者　11

2　女性と再就職・転職▶M字型の谷底が上がってきた　11／諸外国では台形状に　12／アンペイドワーク(支払われない無償労働)　14／転職もキャリアの選択肢　15

3　保育所と育児休業▶保育所・学童保育事情　15／公設民営化やNPO，民間機関による保育・学童保育も　16

第3節　ビッグに，パワフルな成功を目指す人に

1　グローバル・スタンダードと日本の女性の働く状況▶ガラスの天井を突き破れ！　17／世界の女性管理職　17／EUの最新の女性労働政策　18

2　ワーキングウーマン新世紀▶企業の女性活用新時代　19／ストレスマネージメントやセルフコントロール　20／パワフルなワーキングウーマンに共通する10要件　21

3　雇用機会均等法▶改正男女雇用機会均等法　22／セクシャル・ハラスメントの配慮義務　22／積極的平等措置　23

第4節　感性を磨いて，あなたが羅針盤

1　女性活用は入社後早い時期から▶先の見える企業は女性の登用を経営戦略に　24／20・30歳代女性に特化したWeb調査結果　24／女性の期待感は入社5年まで　25／企業を信頼する四項目，ビジョン・評価基準・ロールモデル・努力　25

2　女性登用とＭＢＡ取得▶MBA取得と経営幹部への進出　26／日本の企業風土と女性のMBA取得　27

3　日本企業のポジティブ・アクション始動▶20.7％がポジティブ・アクションに取り組む　27／ポジティブ・アクションの取り組み事項　28／まず採用から始まり循環する　30／経営課題として位置づけ，数値目標を出す　31

第5節　自分を生きる女性になる

ジェンダーの視点で労働を考える　32／職業の三要素　33／自分を生きる女性になる　33

第1章ワークシート　①輝いていたころ，ふりかえりシート　35／②したい仕事，できる仕事　36／③リーダーシップとメンバーシップ　37／④成功する女性に共通する10ポイント　38

第2章　個を活かすキャリア・マネージメント

第1節　キャリアとは

1　学校とキャリア教育▶定着した「キャリア」という言葉　41／学校の中のキャリア　42／アメリカのキャリア教育　43／大学に問われるキャリア探索の場の提供　44

2　学生とキャリア▶仕事を未来にどう取り込むか　45／「仕事さがし」は自分さがし　46／二つの時期　46

3　女子学生の就職活動から見る企業評価▶質の高い情報提供を　47／5段階評価で分析　49／女子学生の視点は「個人主義・実力主義」　49／業界別の評価　50

第2節　キャリア・メイキング

1　キャリアとエンプロイアビリティ▶キャリアは「自分にとっての資産」　51／キャリア形成のために必要なスキル　52／エンプロイアビリティ　54

2　キャリア形成とキャリア・カウンセリング▶個人と組織をつなぐキャリア・カウンセリング　55／キャリア・カウンセリングの実践　56／女性に特化したキャリア・カウンセリング　57

3　キャリアプランの流れ▶マネージメント力とキャリア形成　58／キャリアプランの流れ　59／キャリア形成の必要性　59

第3節　キャリア形成支援

1　キャリア形成の目的▶人生満足感と職務満足感　61／プログラムの展開　62／マネージメント・サイクル　63

2　キャリア形成支援の方法▶企業におけるキャリア形成システム　64／新しいキャリア形成支援策　64

3　能力評価基準の公開▶オープンな評価制度　65／評価制度の活用　66

4　自己啓発支援制度　66

第4節　能力主義と女性のキャリア形成

1　女性の昇進は企業の存亡を決める▶組織の変革と女性の能力発揮　67／育児・介護の社会システムは社会・企業持続の鍵　69
2　女性のキャリア形成プランニング▶女性の能力発揮プランニングの手順10項目　70／数値目標を設定して　71
3　メンタリングとマネージメント▶メンタリングとは　72／雇用形態の変化とメンタリング　73／企業におけるメンターの役割　74／メンターと管理職の違い　74

第5節　女性の昇進は企業が生き残るための戦略

第2章ワークシート　　①キャリアの棚卸しシート　78／②スキルチェックシート　79／③スキルの棚卸しチャート図　80／④キャリアの強弱分析シート　81

第3章　組織を変えるジェンダー・マネージメント

第1節　ジェンダーにとらわれない経営組織

1　経営組織における「ジェンダー」の持つ意味▶人的資源としての女性　85／組織の慣性を取り除く　86
2　経営組織に男女間格差をもたらす「数」の問題▶数字の基準は30％　86／理論的支柱としての「カンターモデル」　87／ポジティブ・アクションへの道　88
3　組織の枠組みをニュートラルに▶男性は「会社人間」的企業風土をつくる　88／ニュートラルな若い層は企業風土に葛藤　89／仕事に達成感が得られる組織　91

第2節　人材育成とリーダーシップ

1　ボーダーレス時代のリーダーシップ▶集団より「個」の確立のためのリーダーシップ　92／新しいリーダーシップ概念　93／リーダーと対人関係能力　94

2　フェミニン・リーダーシップ▶男性中心社会で女性が成功する方法　98／女性特有のリーダーシップの効果　99

　3　リーダーシップ能力とマネージメント能力▶変化に対応する二つの能力　100／女性社員とのコミュニケーション能力　101／女性社員育成のための指導能力　102

第3節　評価方法の再検討

　1　人事制度の変化と成果主義▶評価の基本となる「コンピタンシー」　103／絶対評価を目指す　103／女性社員育成の7段階　104

　2　パワーアップ（育成強化）の具体的処方▶複線型雇用管理　105／育成・活用目標の設定　106

　3　メンタリングによる人材育成▶社員の育成とメンター　107／メンタリングとコーチング　108／メンタートレーニングプログラム　109／メンターに必要な能力　110

第4節　リーダーシップ育成プランニング実践

　1　人材育成の目標とポリシーづくり▶ポリシーづくりこそ　111／社員育成の基盤づくり　111／コスト感覚を変える　112／社員の貢献度や能力を評価する　113

　2　プランニングの基本▶求められる能力の明確化　114／「個」を重視するプランニング　115／「女性の感性」より男女ともに「適材適所」　115

　3　プランニングの進め方▶全社的な中堅社員のプランニングの手順　116／部門における中堅社員育成プランニングの手順　116／プラン・ドゥ・シー（Plan・Do・Check・Action）のサイクルの確立　117／キャリア形成に連動した育成計画　118／適切な仕事の割り当てと明確な評価制度　119

　4　育成の第二段階▶会議への参加の促進　119／プロジェクト・チーム　120／育成手法の獲得　120／育成目標設定の留意点　121／リーダーの育成　122／リーダーのポジション　123／社員と企業の緊張感　123

　5　継続就業と人材育成▶継続就業が社会と企業持続の鍵　123／ワークライフバランス　124

第5節　活躍する女性社員に求められる能力

1　**女性社員育成の基本能力**▶組織人としての能力　125／経営マインド　125
2　**企業人としての四つの基本実務(ビジネス・ファンダメンタルズ)**▶　126

第3章ワークシート　①ジェンダーチェックリスト　128／②あなたの多様性社会におけるリーダーシップ度の測定　130／③セクシャル・ハラスメントチェック　131／④あなたのメンター，モデラー，サポーターチェックシート　133／⑤メンター度チェック　134

第4章　個を活かし組織を変えるダイバーシティ・マネージメント

第1節　女性と企業の新しい関係

1　**女性の活躍と企業業績**▶女性比率の高い企業は業績がよい　137／日本的経営とは　138／「譲り渡すことのできない」権利　139
2　**今，企業で起こっていること**▶ジェンダーの意識から見た日本的人事労務管理制度の変化　140／DO!ポジティブ・アクション　141／採用・育成・登用の循環とメンタリング　142
3　**女性活用を目指す政策**▶アメリカの場合　144／欧州や北欧などの場合　146／日本のポジティブ・アクションの実施　147／企業での女性登用の加速　149

第2節　世界の積極的平等施策

1　**ポジティブ・アクションの施策上の位置づけ**▶雇用差別禁止立法の目標　150／事実上の平等実現のための法技術　150／欧米諸国のポジティブ・アクションの概要　151
2　**国連や欧州連合（EU／EC）の場合**▶国連の女性差別撤廃条約　151／欧州連合（EU／EC）の取り組み　152／EC委員会のポジティブ・アクション導入のための

「ガイド」 153

3 ポジティブ・アクションの態様▶二つの構成部分 154／労働活用状況分析を要請する部分 154／労働力における特定グループの過少活用是正の「計画策定・実施」 155／制裁等の強制手段 155／対象部門・企業規模 156

第3節　企業の社会的責任としての女性の登用

1 企業の社会的役割の変化▶企業評価の新しいモノサシ 157／競争に勝つ企業とは 157／CEP経済優先研究所の7項目 158／米国における「企業倫理」の背景 158／企業倫理のプログラム 159／企業倫理のシステムの確立 160

2 企業の社会的責任と人権▶企業の社会的責任の三項目 161／改正男女雇用機会均等法とセクハラ 161／セクハラは企業倫理上の問題 162／セクハラと企業の生産性 163

3 企業の社会的責任投資 163

第4節　女性に開かれたシステムを持つ企業評価

1 アメリカのカタリストの場合▶カタリストの人材育成 165／カタリスト賞 165／カタリスト賞20年の成果 166

2 欧州の場合▶欧州の「社会的責任投資」 167／エティベル社(ベルギー)の場合 168／イーコムリサーチ社(ドイツ)の場合 169／社会的責任がある企業像 171

3 日本の場合▶社会的責任としての「女性差別の禁止＝女性の登用」 172／女性に「優しい企業」評価ではなく 172／ファミリー・フレンドリー企業と女性の能力発揮 173

第5節　ダイバーシティ・マネージメントの方向性

第4章ワークシート　　①私のアクションプラン 176／②育成・教育訓練に関するチェックリスト 177／③ネットワークチェックリスト 178／④あなたの会社の「女性に開かれた企業」チェックシート 179

おわりに 181
参考文献 183
索　引 189

第1章

▶ ● ● ●

成功への
キャリア・デザイン

キャリアという言葉をよく聞きます．キャリア（仕事）と自分の人生をデザインする，これが成功への道です．ジェンダーとキャリアの関わり，ジェンダーと企業組織の構造を考えましょう．キャリア・アップとは，どうすることでしょう．キャリアの階段を駆け上がる管理職というのは大変そうですが，やりがいはあるかもしれません．アメリカでいわれた「ガラスの天井」は日本でも同じで，なかなか突き破れないのです．そこに風穴をあけていくのが，ポジティブ・アクション（積極的平等措置）．改正均等法でも，これから進めようと規定しています．しかし企業の取り組みは20.7％でしかありません（2006年）．企業は企業風土をまず改革し，数値目標を定めましょう．女性の登用へのビジョンをもって従来の属性（ジェンダー）に偏った評価基準を改革し，ロールモデルを早く作り，改革の努力を女性社員に見せましょう．まずは採用から始まります．女性と採用，育成，登用という連鎖の循環が動き始めたら，もうしめたもの．企業の発展と女性の登用は矛盾せず，新しい社会を創り始めます．女性が働きやすい企業は，男性にも働きがいのある企業のはずです．

　実際のところは，今，女性の29歳が一番心が揺らぐ年ごろになっています．彼女たちを迷わせない企業風土をつくることが求められているのです！

第1節 スタートアップ，成功を目指す人に

1 ジェンダーとキャリア

ジェンダーとキャリア

　女性にとって「仕事」は人生のライフライン，という言葉を最近よく耳にします．「仕事」が人生の最重点課題であるということです．どちらかというと家庭よりもというニュアンスがあるかもしれません．自分の生き方と仕事の関わりを真剣に考えねばならないわけです．自分の人生と深く関わって，働き方，職種などを幼い頃から考えつつ，キャリアプラン，ライフプランを設計し，人生の何度かの節目には修正もしながら丁寧に，自分の足跡をたどって生きていくことが大事なのです．それがキャリアアップです．女性の場合，ともするとキャリアが一続きにつながらないところにジェンダー（生物学的な性ではなく，社会的文化的につくられた性）の問題があります．

学生の就職問題と就業意欲

　女性にとって職業は，ますます大きな位置づけになってきました．少し前なら学校を卒業しても就職せずに，家事見習いといって結婚を待っている女性もありましたが，現在では，自分の稼ぎで自立して生きていくということは，女性にとっても当たり前となりました．しかしその当たり前が，なかなかスムーズにいかないのです．立ちはだかる就職難は，今大きな社会問題になっています．均等法があるにもかかわらず，実際は男子学生より応募できる職種が少なかったり，会社説明会での質問に，「結婚したらわが社では続かないと思いますよ」という答えが返ってきて，「なぜなの？」と思ってしまいます．営業は男性，総務は女性といった職域分離もまだまだ根強く残っています．就職活動を機に，初めてジェンダーの壁を意識する女性が多いのです．

　働くということは，最も基本的な人間としての営みの一つです．「女性差別

撤廃条約」(女子に対するあらゆる形態の差別の撤廃に関する条約；1985年批准)11条には「労働権は人類の譲り渡すことのできない権利である」と謳われています．働いてその報酬で自分の生活を自分で形成することは，人としての権利＝人権であるという概念です．これは労働機能が喪失した場合の生き方を否定するものではありませんし，賃金が高額であればあるほど自立しているなどというものでもありません．人として働いて生きることが原則ですから，人として働いて生きる権利がどちらかの性には当たり前になっていないというのは，やはり公平ではありません．

ジェンダーと企業組織

　日本型雇用システムの変革とは，男性中心につくられてきた企業社会を変えるという意味があります．従来の企業では，働く人々に占める男性の比率が高い場合も低い場合も，経営の圧倒的部分を男性が握っており，女性は企業の目標や方向性を決める場には参加できず，従業員部分だけを占めていました．そういう企業風土を変えていくことが，ジェンダーに公平な企業だといえるのです．経済のサービス化の波で企業の男性中心主義も揺らいできています．

　働くことがスポーツにたとえられることもあります．スポーツの面でも，競技の記録で男性が勝るとか危険性があるという理由で，女性が出られない競技は多くありました．しかしマラソンや柔道，レスリング，サッカーなどに女性が参加しはじめて，スポーツ界の階層性や閉塞性も変化してきています．2001年には東京六大学野球史上初めての女性投手対決がありました．翌朝のスポーツ新聞では「快挙か!?　客寄せか!?」「見せ物ではない」「ピッチャー返しが狙えない」などのコメントが出た一方で，「よくぞ挑戦を続けてくれた，両投手にお礼を言いたい．起用した監督にも」という声も出ています．女性投手自身は「自分の仕事を満足にしたいだけです」とコメントしています．これもまた変化のきざしの一つでしょう．2008年にはプロ野球(関西独立リーグ)で男子選手と一緒にプレーする日本初の女性のプロ野球選手が誕生しました．

2　キャリアアップとリーダーシップ

女性の能力発揮は企業にも有利に

　企業は男性中心につくられてきたといえます．働く女性の立場から見て，企業の再構築が必要だといわれ続けてきました．企業経営でのジェンダーの問題は，女性の企業トップや管理職の増大，仕事と家庭の両立という方向にいずれ向かうことでしょう．今の課題としては，むしろ男性の方が深刻なのではないでしょうか．リストラによる中高年男性の自殺者の増加，すぐに会社を辞めてしまい定職につこうとしない若年者などなど，従来の男性では考えられない状況が多く現れています．男性のためにも，従来の企業のマネージメントのあり方は変革を余儀なくされています．

　企業で働く女性の問題では，女性がキャリアを築き歩んでいくにはリーダーシップをどう取っていくかが課題です．わが国の女性管理職は，アメリカなどと比べると5分の1程度と極めて低く，キャリアを目指す女性のロールモデルがいない状況です．女性のモデルが増えるためには，採用の段階から女性を増やし，人材教育をし，活用を押し進めることです．

ポジティブ・アクションの可能性

　どこの企業も女性の能力を活かすことを真剣に考えはじめていますが，具体的行動としてのポジティブ・アクション（積極的平等措置）を実施したり，メンター（指導者・管理者）制度に基づいて育成するというというところまでは進んでいないようです．

　管理職への登用や配置などで男女格差を埋めるため，女性社員を手厚く支援するのがポジティブ・アクションです．欧米では，法律で導入を義務づけている国もあります．まず，企業は女性管理職を増やす目標をはっきりと設定します．そして「職場で核となっていく」と目されるメンバーが集まり，経営課題や商品企画などについて管理職教育をしていくのです．わが国では今まで女性を意図的に育ててきた前例がほとんどなく，女性本人もどう努力したらいいの

かわかりにくいため，なかなか進んでいないのが現状です．

男性管理職の意識改革と，女性側のやる気と勇気

　勤続5年を経る頃から自分の職階に疑問を持ちはじめる女性が多いという調査結果（「男女雇用機会均等にかかる女子労働者調査1995」）があります．そもそも女性は昇進には関係ないとあきらめている例が多いのですが，この頃になると約半数以上の女性は，現在の査定のあり方に疑問を持っています．結婚し，子どもを育てながら働くことを希望する女性が急増した一方で，昇進を望まない女性も多いのです．その背景には，家庭との両立困難と相変わらず続く性による雇用管理の違いがあります．

　多くの企業では，女性は基本的に家庭責任を担うことを前提として，特に出産後の勤続は考えられないことになっており，短期間労働，補助的業務に限られています．結婚後に男性なみの処遇が与えられるには，男性と同じ程度の能力では不充分で，それ以上に働ける女性に限られています．

　育児・介護という家庭責任が女性の肩にずっしりと重くおかれている間は，ポジティブ・アクションの実施もままならないのが実状だといえます．しかし変革の時代といわれる今，女性の躍進が実現するには，男性の管理職の意識改革と女性側のやる気と勇気の両方が備わることが必要です．

3　女性と起業

キャリア女性の転身としての起業

　近年「女性の起業」は，第三期目のブームであるといわれています．2001年度上半期では，開業者のうち女性は7人に1人．開業率そのものはさして増えているわけではなく，むしろこの不景気を反映して減少気味なのです．しかし，生き生きと自己実現する夢と情熱があれば，不景気であるからこそ，新しいビジネスチャンスは多いともいえます．店舗も事務所も比較的安く借りられ，有能な人材を確保することもできます．また新しい産業が立ち上がってこないと，

日本の従来の産業界は活性化されません．21世紀には，女性を主人公とする新しい仕組みの小規模の事業がどんどん増えることは，充分考えられます．

しかし，女性が起業する場合に壁になるのは，やはり資金とノウハウの不足です．夢だけでなく，セミナーなどで自分の事業家への道筋をしっかり固めたうえで，実際にはいつも電卓を離すことなく，判断力，決断力，マーケティング力などを蓄えましょう．また，全国の女性起業家ネットワークでの知り合いも大事にしましょう．

自分らしく，好きなことを仕事に

SOHOとは，スモールオフィス／ホームオフィスの略です．自宅や小さな事務所で小規模事業所を営むことです．SOHOビジネスの発展の背景には，お金をかけずに独立したい人の増加とともに，パソコン・インターネットの普及，リストラを進める企業が外注を増やしたことなどがあります．

SOHOビジネスには営業が欠かせません．自分のスキルを知ってもらうのですから，自分のセールスポイントを明確にし，仕事を頼んでみようと思わせるイメージづくりが重要です．

自己実現，社会への貢献，そして経済的自立を目的とするという点では，営利活動であろうと非営利活動であろうと，どちらも同じことです．

市民活動とコミュニティ活動

最近NPOの時代がやってきたという声を多く聞きます．NPOは，Non-Profit Organizaitionの略称で，市民活動をする非営利組織のことです．行政を第1セクター，企業を第2セクターとすれば，第3セクターということになります．このNPOは，今後いっそうその力を発揮すると予想されます．一般にはまだまだ，ボランティア活動なのだから無償だという認識がされているようですが，専従で仕事をするスタッフは有償でなければ，当然活動は続きません．今後はスタッフの生計維持や社会保障制度や事業の拡大が目指されなければならないのです．また，これまで株式会社，有限会社，任意団体などの形態で運営して

きた NPO に，特定非営利活動法人という法人格の選択肢が加わりましたので，経営のノウハウも学ばねばなりません．

ワーカーズコレクティブ

ワーカーズコレクティブという働き方もあります．複数の人が自分たちで平等に出資し，平等に働き経営していくスタイルで，同じ志のもとに出資者・経営者・労働者が同一人物であることが特徴です．そこには雇う，雇われるという関係は存在しませんから，みんなが主体的に働かない限り事業は進まないという難しさがあります．

わが国の場合，ワーカーズコレクティブという事業は，生活協同組合という非営利事業から始まったケースが多いのですが，自己実現型の共同経営形態もあります．女性が担い手である場合が多く，一度仕事から離れて家庭に入った女性たちが，地域で力を合わせて働いて自己実現を図ることが最大の目標だったのです．その事業を成功に導くかどうかは，働く人々の人間関係がポイントになります．メンバーの意識とリーダーのまとめ役としての能力に大きく左右されるのです．

第2節 もう一度，成功を目指す人に

1 パートタイム労働・派遣労働

日本的パートタイム労働の特徴

女性のパートタイマーは約1000万人，女性雇用者の約半数です．この数字の根拠になるのは，パートタイム労働の定義です．定義は一つではなく調査によって違いますが，第一は本人の労働時間を基準にするもので，週の労働時間が35時間未満の労働者をパートタイム労働者といいます．第二は，通常の労働者に比べて労働時間が短い労働者という定義で，1993年制定のパートタイム労

働法は，この基準に従っています．第三番目は呼称による定義で，「就業構造基本調査」や「雇用管理調査」などはこの基準によるものです．この場合は労働時間は長くても呼ばれ方が「パート」であれば「パート」扱いになるわけです．

M字型就業形態とパートタイム労働

　パートタイム労働が出現する背景にM字型の働き方があります．M字型就業形態を少し説明しましょう．多くの女性は，はじめの就職はフルタイムで一般事務職につくケースが多く，20歳代の後半に結婚や出産や子育てで初職を去る人が増加します．そして子育てが一段落した後，再度働く人が増加するのです．つまり，折線グラフにすると30歳代を谷としてM字カーブを描き，M字の2つ目の山にパートが多いのです．パートタイム労働が出現した40年ほど前は家計補助的労働が中心でしたが，今では個人の自立願望も強くなっていますし，教育費や住宅費の増大でパート収入の家計が占める比率も増えています．不景気がまだ続く中，正社員のリストラで失業者は増えていますが，新たな非正規雇用形態としてのパートタイム労働者は増加しています．以前では「主婦の空いた時間を利用した自己実現」だとか「小遣い稼ぎ」といった位置づけでしたが，今では基幹労働者として，労働条件の整備が急がれています．

　このM字型就業形態を描く女性の仕事の仕方の問題点は，次の四点に整理できます．第一に，男性のみが対象となる終身雇用形態（年功賃金・年功序列・企業内教育・企業内正社員労働組合）から，女性が完全に排除されていることです．

　第二に，結婚，出産でいったん退職した後，再就職の準備や新しいスキル・技術を学ぶ教育機関がなく，その必要性の認識もまだそう高まっていないことです．

　第三に，女性は雇用労働者になる以外，自分が事業主，企（起）業家になる道が開拓されていないことです．

　第四に，現状のパートタイム労働の賃金では，老後の社会保障につながらな

いことです．というのは，現在のパートの賃金は，年収130万円を少々超えていても，その所得では社会保障のレベルは決定的に低いものになってしまいます．130万円以下では，自分の年金権は確保できません．

年金法の改正に向かって

　パートタイム労働の問題の一つには，税制度における「配偶者控除」や年金制度における「第3号被保険者制度」等の社会制度の問題があります．「配偶者控除」を受けるというのは，被扶養者としての地位を維持するということですが，パートタイム労働者の多くが年収を配偶者控除の範囲内である「103万円」までに押さえたり，社会保険や厚生年金制度の掛け金の範囲である「130万円」までにしていることは，その現れです．

　企業側も配偶者手当や住宅手当などを支給する基準の焦点をここに当てており，妻の収入が103万円未満という基準を設定している場合が多いのは事実です．2004年度の税金や年金の改正では実現しませんでしたが，今後の改正を期待したいところです．

　このように夫は稼ぎ手，妻は家事とパートタイムという役割分業を前提にした税や年金の制度が，働く女性の不満や不公平感を助長しています．

パートタイムの働き方を「成功のキャリア」といえるために

　パートタイムで働く女性にとって注目を集めたのは，「丸子警報機事件」でした．パートタイムで働く女性の，正社員との賃金格差是正をめぐる初の訴訟として注目を集めましたが，1999年11月，東京高裁で臨時社員の賃金が正社員の8割以下になる場合は違法だということで決着がつきました．この判決は，実は他の諸国のパートタイム労働のあり方ではもう当たり前のことなのです．一定の時期に限って，正社員との比例で，働きに応じた均等待遇で処遇されるということになれば，パートタイムで働くことも損なことではないのです．今後，パートタイム労働者の労働条件として「均等待遇の原則」を適用するケースが増えれば，パートタイム労働も悪い働き方ではないと思います．

諸外国のパートタイム労働者

　諸外国でもかつては，パートタイム労働者は日本と同様の問題を抱えていました．しかし，その後，再就職に際しての再技術・教育訓練やパートタイム労働の保護対策（有期契約を限定する法制定，フルタイムとの均等待遇の原則など）が行われ，パートタイム労働者と正規労働者との格差はかなり是正されつつあります．しかしわが国の場合は，1993年に制定されたパートタイム労働法（短時間労働者の雇用管理の改善等に関する法律）は，現状のパートタイム労働者の身分的ともいえる差別待遇の解消にはほど遠いうえ，老後の社会保障に結びつくものではありません．

　1994年6月，ILOは175号のパート条約，182号勧告を採択しました．国際的世論としては，パートタイム労働者の労働条件の保護の強化が，フルタイムとの比例的待遇をするという方向で動きつつあります．パートタイム労働が今後どう変化するかは女性労働の展望を開くかどうかの鍵であり，日本でもパートタイム労働法を見直すべき時期が来ています．

2　女性と再就職・転職

M字型の谷底が上がってきた

　近年，M字型の谷底の部分はじりじりと上昇してきています．その背景として，まず第一に，女性の勤続年数が伸びてきたことが挙げられます．結婚前の腰掛け就労といわれてきた時代は過ぎ，今では平均勤続年数は8.7年（2007年）になっています．女性の平均年齢でいうと，離職するのは30歳前後になります．

　第二には，子どもの数の減少により，子育て期間が短くなっていることが挙げられます．特殊合計出生率（一人の女性が生涯にわたって産む子どもの数）が1.37ということは，再就職に戻る時期が早くなるのです．第三に，働く妻の家計への貢献度が高まってきています．夫が家族を養って，妻は家庭で専業主婦をしているというカップルの生活スタイルは，少数派になってきています．

最後に最も大きな変化は，女性が仕事をして自立的に生きることを当たり前とする風潮が主流になってきたということです．仕事も家庭も子育ても，ということを欲張りだと考える女性は少なくなってきました．

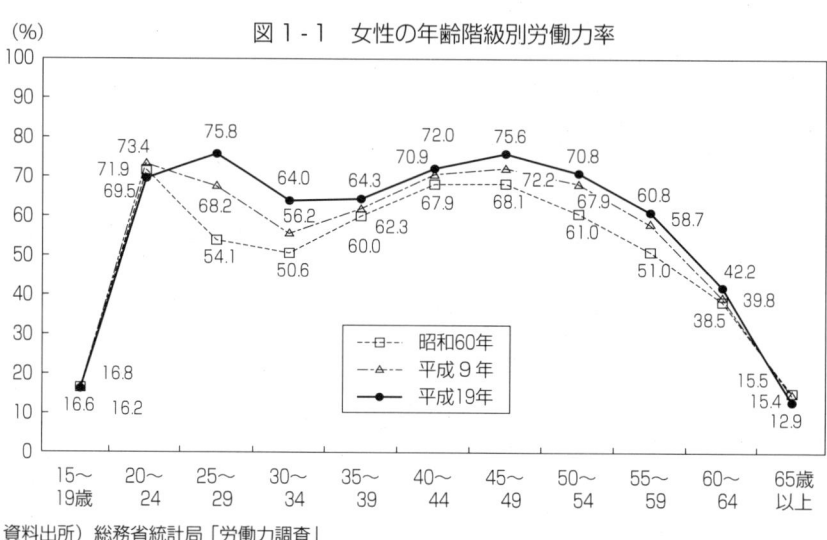

図1-1　女性の年齢階級別労働力率

資料出所）総務省統計局「労働力調査」

諸外国では台形状に

　ところでM字型就業というのは，日本でこそ当たり前のように考えられてきましたが，欧米の各国では，ほとんどM字型のくぼみは見当たりません．アジアの中では韓国と日本はよく似た形状をしていますが，他の欧州諸国では1970年代頃から女性の就業継続が可能になりはじめました．M字型から台形状に変化してきており，男性との形状の差がなくなりつつあります．日本でのM字型就業形態が今後どうなっていくかについては，終身雇用形態がどの程度揺らぐのかということと無関係ではありませんし，女性にとりわけ厳しい「年齢制限」の壁がどう崩れていくかにもかかっています．

1●成功へのキャリア・デザイン

図1-2 各国の男女年齢別労働力率

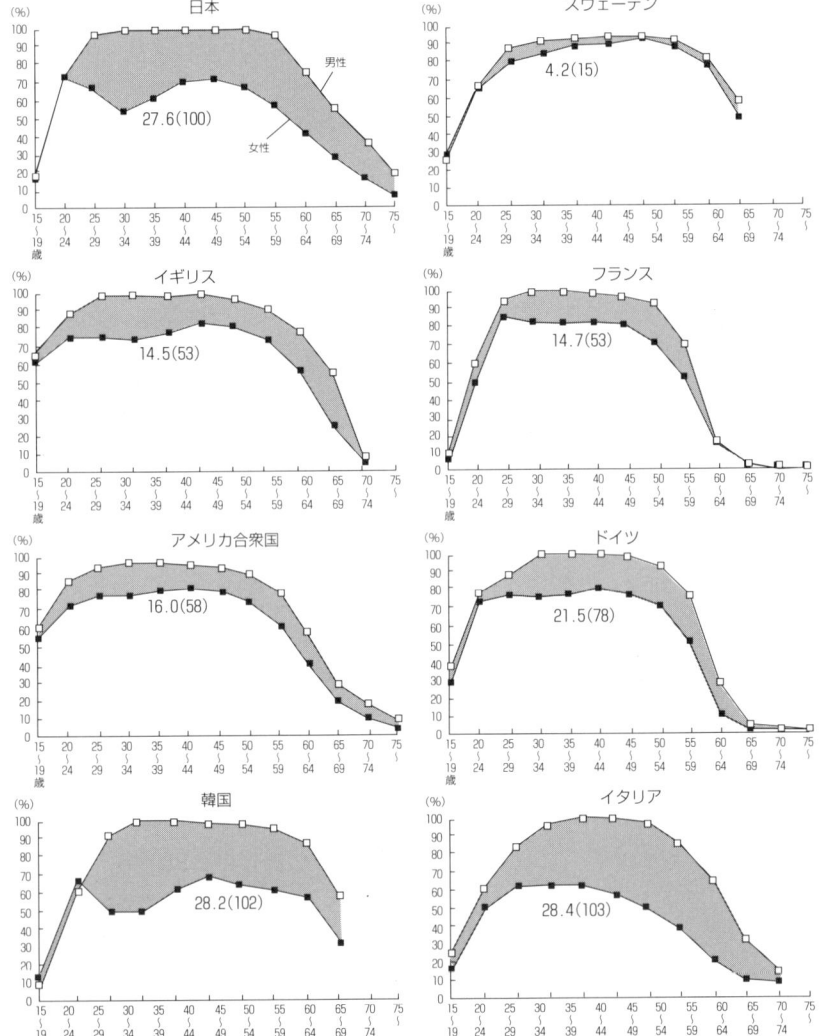

注：1）アメリカ合衆国，スウェーデンの区分のうち，「15～19歳」の欄は「16～19歳」として取り扱っている．
2）イタリアの「15～19歳」の欄は「14～19歳」として取り扱っている．
3）イギリスは1993年，イタリアは1994年，その他の国は1995年の数値である．
4）図中の数値は，年齢計の男女の労働力率の差（男性－女性）。括弧内は，当該労働力率の男女差を日本を100として表したもの．

資料出所）総理府「男女共同参画の現状と施策」（平成9年7月）

13

結婚，出産・育児での退職後に多様な就業形態の一形態として派遣労働を選択する女性が少なくありません．1985年に派遣労働法が施行されて以来，99年の改正で派遣対象業務は原則すべての業務に拡大し，若年者を中心に増加しています．派遣労働では，パートタイムより賃金比率が高いこともあり，職探しの手間が要らないことも手伝って，男性にも増えています．

アンペイドワーク（支払われない無償労働）

1995年の北京女性会議以降，世界的規模で女性の無償労働評価の数値換算活動や理論化が進んでいます．とりわけ，第三世界の女性労働の国家に対する貢献度を数値で表すことが急がれていますが，2001年，経済企画庁が「女性の無償労働の貨幣評価」を189万円と試算し，発表しました．日本の女性たちの無償労働換算化はどういう基準でなされているのでしょうか．

この調査を行った経済企画庁国民経済計算部によると，無償労働の範囲は「社会生活基本調査」に分類されている家事（炊事，掃除，洗濯，縫物，編物，家事雑事），介護，看護，育児，買物，社会活動であるとし，「家計がそれらの活動に費やしている時間をベースにし，これを賃金」で評価しています．つまり「一人当たりの無償労働時間×時間当たり賃金×人口＝総無償労働の評価額」となるのです．

この金額について女性たちは，評価されていると感じる人，安いと感じる人と反応はさまざまです．しかし，「金額に直せない無形の貢献がある」という意見もあるように，数値換算で評価するということであれば，「金額に直せないという心遣いや愛情」なども数値化する必要があるのではないでしょうか．

専業主婦割合は，高度経済成長期を経た70年にピークに達し，その後，徐々に低下しています．結婚しても仕事を辞めたくない女性が増えているにもかかわらず，日本の経済社会システムの中では専業主婦はさまざまなメリットを持ったままの状態なのです．それは世帯単位の税・保険料の支払いが世帯所得を左右する仕組みになっているからです．

高齢化の進展とともに年金財政悪化が明確になってきた昨今，保険料支払い

が免除される第3号被保険者である専業主婦の存在の矛盾が明らかになってきました．専業主婦が無収入であるというなら，20歳以上の大学生からの保険料徴収はさらに矛盾が深くなります．

専業主婦を第3号被保険者と位置づけたのは，無所得の主婦から保険料徴収を避けるための措置だったのですが，結果として専業主婦の家事労働のみを「アンペイドワーク」として評価し，自営業，共働き，そしてシングルの働く女性たちの家事労働を無視する形となってしまっています．そして専業主婦の年金保険料を共働きの女性も負担する仕組みが続いているのです．すべての女性の年金権確立のためには，第3号被保険者制度は問題です．

転職もキャリアの選択肢

終身雇用が原則で，それ以外は「正規」ではなく「非正規」の働き方だという定義をやめれば，どんな働き方も，その人が自ら選択したものでありさえすれば「正規」の働き方といえます．そうならば，転職で企業や職種を変えることもマイナスにはならないと思います．キャリア形成に転職・再就職がプラスの効果をもたらしてほしいものです．

3　保育所と育児休業

保育所・学童保育事情

女性が出産で仕事を辞めてしまうのは，子どもの保育環境が不十分であるということと深く関わっています．継続して働くために保育所に子どもを預けたくても，空きがなくて利用できない，いわゆる「待機児童」が多く，順番を待っていても，とうてい間に合わないのです．厚生労働省の集計では，待機児童数は全国に約2万5千人で，半数が首都圏に集中していますが，実際のところは5万人とも10万人とも100万人ともいわれています．

政府の男女共同参画会議「女性と子育ての両立支援策に関する専門家会議」（樋口恵子会長）は，2004年度までに待機児童を中心に10万人の子どもを受け入

れる体制を整備する作戦を盛り込んでいます．しかし2003年には一旦減少したものの，2008年にはまた上昇，2009年には2002年のレベルまで悪化しています．10万人の待機児童数は，なかなか簡単ではないのです．保育所で受け入れた数とほぼ同数の入所希望者が出て，供給と需要がいたちごっこの様相を呈しているのです．

「この背後には潜在待機児童というマグマがたぎっているからだ」といわれています．子育て期に当たる30歳前後の女性の中で，労働市場に出ている比率は6割ですが，家庭にいる同年代女性の就業意欲は強く，約8割を占める就業願望派は子どもが保育所に入れれば働きたいと願っており，それが一部「噴出」した形になっているのだという主張です．

公設民営化やＮＰＯ，民間機関による保育・学童保育も

　保育所を増やすには，公共施設のみによる増加ではなく，公設民営化やNPOや民間機関による保育環境の充実も今後の課題でしょう．学童保育も公的整備は遅れており，小学校の敷地内での設置が積極的に進められる必要があります．今後はNPO化や民間機関による増設も増えるでしょう．

　育児休業法は，ILO156号条約を批准した95年に育児・介護休業法とされ，男性も含めたものに改正されました．しかし休業は企業の努力義務であり，休業中の賃金損失額が高い男性は依然として，ほとんど取れない状況です．女性の働く環境の改善には，保育施設の充実と育児・介護休業の充実が欠かせない課題です．

第3節 ビッグに，パワフルな成功を目指す人に

1 グローバル・スタンダードと日本の女性の働く状況

ガラスの天井を突き破れ！

アメリカで女性の登用に関してアファーマティブ（ポジティブ）・アクション（積極的平等政策）が実施されはじめたのは，1960年代後半からです．性差別の禁止だけでなく，積極的に平等を創り上げていくためにアファーマティブ・アクションを実施して30数年，アメリカの労政界の男女平等を大幅に押し進めました．1985年には，企業の中のグラスシーリング（ガラスの天井：女性の昇進には天井がないかのようでいて，実際はガラスの天井で遮られている）を突き崩す活動を，政府と企業と民間支援団体が一緒になって取り組みはじめました．現在アメリカのフォーチュン500社（フォーチュン社が選んだ優良企業500社）では，女性管理職（専門職を含む）は49.3％で，ほぼ男女対等になりました．今後の課題は役員取締役の数値を平等にすることだというところまできています．しかし有色人種の女性の場合には，白人女性とはまだまだ違って，管理職比率も14.3％となっています．アメリカでは有色人種の昇進昇格は，ガラスより割れにくいコンクリートシーリングだといわれています．

世界の女性管理職

世界の女性管理職比率では，ILO の調査では，アメリカが筆頭で，次いでオーストラリア，イギリス，フィリピン，ノルウェイ，スイスなどと続き，日本は21番目に位置しています．職務別の男女の国際比較を見ると，わが国の場合には，「行政・管理職」，と「専門技術職」の女性比率が極めて低いのが特徴です．「農業や生産」「運輸および労務職」は低いながらも，各国に比べるとまだ高いといえそうです．

職種ごとに女性の比率を見ると，性別年齢層別構成分布では，事務とサービ

ス業での労働力に女性が多いといえます．事務職では，ほぼすべての年齢層で150万人前後の女性が働いていますが，販売やセールスでは50万人と対照的になっています．その昔，女性労働者のスタートを飾った繊維・衣料や戦後に大きく増えた電気器具関連での生産労働者は，いまや大幅に減少しています．また，年齢層から見ると，かつての若年齢層ではなく，中高年女性が中心となっています．

EUの最新の女性労働政策

　EUは，創立以来男女平等問題に積極的に取り組んできました．EUの女性労働政策は，1957年のローマ条約でスタートしました．その後1967年に，フランス，ドイツ，イタリア，ベルギー，オランダ，ルクセンブルグの6カ国でECが発足，1991年12月，オランダのマーストリヒトでの欧州共同体首脳会議が大欧州建設の動きを加速し，ECからEUへと発展しました．1995年にはスウェーデン，オーストリア，フィンランドが加盟，現在27カ国となっています．2000年からユーロが導入され，2002年1月にはユーロ貨幣・通貨の流通が始まりました．EUの男女平等問題のスタートであるローマ条約の119条では，男女同一労働同一賃金原則を規定しています．ECの各指令には，男女平等は中心的原則になっています．1976年にはすでに，「雇用職業訓練，昇進，労働条件での男女の均等待遇原則の実現に関する指令」（EC均等待遇指令）が出ており，このなかで，「女性の不平等を除去するために男女の機会均等を推進する措置をとることを妨げるものではない」と規定し，ポジティブ・アクション施策の法的根拠を示しています．

　1993年のアムステルダム条約以後は，介護労働などに携わる男性にもこれは適用されています．男女平等実現推進に第1次から第4次までのアクションプログラムが実施されました．第4次は，ジェンダーイクオリティ戦略（2001～2005年）といい，「経済生活における均等」が中心になっていますが，この政策には，「女性問題」を特定の部署にゲットー化させることがないよう「ジェンダーメインストリーム化」策が強化されました．

EU諸国では，子どもとの関わりを重視しています．フランスでは労働時間を，現在の週平均39時間から35時間に短縮する法律が施行されました．従業員20人以上の企業は2001年2月から，それ以下の中小企業は2002年1月から実施しました．長時間労働ゆえに子育てとの両立が難しい他の欧州諸国から注目されているのですが，この改正には労働時間を短縮して新たな雇用の創出を図ることも目的になっています．しかし国際競争力の低下を恐れる企業経営者は，この完全35時間労働制には後ろ向きだという声もあります．女性のキャリアと子育ての悩みはまだ続きそうです．

2　ワーキングウーマン新世紀

企業の女性活用新時代

　最近日本では，OL生活に見切りをつけ，留学してキャリアアップの強力な武器といわれるMBA（経営学修士）取得を目指す女性が増えています．高度な経営知識を身につけ，ビジネスの第一線で活躍する実力派もいて，注目度が高くなっています．ところが，日本に帰国していざ仕事に活かそうとすると，思わぬ壁が多くあることがわかってきます．充分に能力を発揮しようにもできない日本的雇用慣行や性による職域分離があります．実践的な経営の知識や異文化の中での交渉力を身につけたのに，日本の企業社会では知識が活かされずにおわることが多いのも現実です．しかし，綿密に策を練り，職場で目に見える成果を上げているMBAホルダーも増えています．コンサルタント経営で起業する女性もいます（第4章第3節にて詳述）．

　自分の力を仕事で充分発揮できないイライラや，仕事のプレッシャー，人間関係のストレス，不規則な生活などで，働く女性にさまざまな身体の不調が現れています．例えば無月経や月経不順，ストレスをため込んでしまうためにうつ病になったり，ということ等です．
　人事異動で管理職になったり，責任の重い仕事を任されたりという女性は，

今までの職場環境とは違う対人関係で心理的な圧迫感が強くなり，不眠や鬱状態になることもあるようです．管理職になる場合に，男性の場合では上司や仲間とのコミュニケーションを図るパイプはさまざまな形で存在するのですが，女性の場合には，そこが不足しているのです．

ストレスマネージメントやセルフコントロール

　女性の場合には，初の女性管理職誕生ということで注目度も高く，それだけにストレスフルな環境です．それにもかかわらず，サポーターとかメンター（指導的管理職）という支援する機能が企業の中にありません．女性のまじめな仕事ぶりが逆に，ストレスをため込むことにつながってしまいます．ストレスは職場の人間関係がぎくしゃくした時に発生しがちで，その発生比率は年々上がっています．周囲に嫌われてしまうのではないかと恐れ，我慢ばかりしていると，いつか爆発し，変に力が入って，出さなくてもいい怒りを込めた発言をすることになってしまいかねません．そうならないように気軽に上手にNOと言える練習をし，表現力を高めましょう．

　これからは情報技術（IT）の発展もあって，新会社やベンチャー企業などでは従来の企業文化とは違う新しい職場文化が構築されています．女性だからと引っ込み思案にならず，クリエイティブな職場環境を作れるようになりたいものです．これからの女性がビジネスで成功しようとする時，精神面を含め自分でヘルスコントロールができることが最も重要になります．

　子どものいるワーキングマザーも増えています．しかし，働いている母親は常に「子どもと一緒にいる時間が不足している」と思いがちです．母親が働くことで「子どもの自立心が身につく」とか「夫婦で家事や育児を協力するようになる」といった利点を考えながらも，一方で子どもが寂しがるのではと心配しがちです．「女性も働いてこそ一人前，働くのが当たり前」にはなかなかなりにくいのが現状ですが，前向きなとらえ方が新しい展開を産みます．

パワフルなワーキングウーマンに共通する10要件

　ここで，パワフルなワーキングウーマンに共通する要件を紹介しようと思います（これについては本章末のワークシートに関連項目がありますので，自分でもやってみてください）．

　まず，今起こっている現状認識についてですが，客観的に見て大変な状況だとしても，心の持ち方によってかなり違って見えるものです．

1）何よりも，柔軟で創造的な発想ができることが重要です．職場での意見の違いや大きな職場環境の変化が起こっている時でも，柔軟に受けとめることさえできれば，意見の違いを楽しんだり，混沌状況や困難な状況をチャンスと捉えることもできます．

2）ポジティブ（積極的）な発想が必要だということです．前向きにポジティブに発想しようとするには，若干心にゆとりが必要でしょう．しかし，ゆとりといっても「ひま」にしている必要はないのです．仕事の優先順位を毎日，毎時間つけることによって，どの順位のところで混沌や困難な状況が発生しているのかが一目瞭然に明確になるので，あわてずに対処できるというわけです．

3）仕事の優先順位をつけ，時間管理がうまくなることです．

4）自分に対する自信が決定的に重要になってきます．

5）自分は大した人間なのだと内心思っていると，現在の困難な環境でも，少し背伸びをする環境にいる方が発展があって将来性が見込まれると，前向きになれます．

6）自分に対する自信があると，人生の主人公は自分なのですから，たとえ自分が失敗しても，その失敗を人のせいにするなどということは考えられないことです．つまり，リスクを自分で引き受ける度量ができるのです．リスクを背負える人は，周りの人たちからも一目おかれます．

7）仕事を通して社会に貢献しているという実感が持てることは，自分に対する自信につながります．そして周りの人たちから尊敬され，自分の社会の中の位置が確保できるようになれば，ゆとりにもつながるでしょう．

8) 若干のスキル訓練も必要です．自己主張の方法として，攻撃的でもなく，ネガティブ（消極的）でもなく，アサーティブ（積極的）な自己主張方法を獲得することです．少しのトレーニングで確保できます．
9) さらに信頼できる友人が多くいて，人的ネットワークが広がっていくことは，大きな安心への担保です．
10) 人間的魅力を高めるよう日々努力しましょう．人間的深さ，高さ，広さ，柔らかさはあなたをパワフルなワーキングウーマンにします．

3 雇用機会均等法

改正男女雇用機会均等法

　1999年より実施された改正男女雇用機会均等法では，差別の禁止（募集採用，配置昇進，教育訓練，福利厚生，定年退職，解雇）を定め前進しました．中でも積極的平等を目指す事業主の講ずる措置（ポジティブ・アクション）やセクシャル・ハラスメント（性的嫌がらせ）を事業主の配慮義務と定めた意義は大きいと思います．

　ILO98回総会では，日本の男女の賃金格差は深刻だと報告されました．2008年度の男性の現金給与額を100とした場合，女性は66.6となっており，均等法後も大きく格差が縮まるということにはなっていません．それは，日本の賃金体系が勤続年数に従った昇進昇格に伴ってなされていることや，性別による職域分離が極めて厳しい状況だということと関係があります．今後，改正均等法であらゆる分野の性差別の禁止が進むなら，賃金や昇進差別は減少していくでしょう．

セクシャル・ハラスメントの配慮義務

　改正均等法では，企業に対しセクシャル・ハラスメント（セクハラ）への配慮を義務づけました．多くの企業では，苦情相談への対応が義務づけられたこともあり，相談窓口を設置するようにはなりました（約4割）．しかし，肝心

の相談員から「どう対処していいのかわからない」と悲鳴があがっているのです．にわかに相談員に仕立て上げられても知識が不足していることが多いうえに，独立した解決機関が整備されていないこともその原因です．社内研修をしたといっても，ビデオや講演など3時間程度の入門編のみ，という場合が多いようです．ですから調査権限を持つ第三者機関が解決に乗り出す仕組みが，今後必要です．

　セクハラは，それを生み出す企業の土壌を変えなければなくならないことでしょう．したがって，各企業がセクハラをマネージメントの問題だと位置づけて雇用管理を改善し，社内のセクハラ関連機関の充実だけでなく，アメリカのEEOC（雇用機会均等委員会）のような第三者機関の設立を促すことも重要だと思います．

　職場のセクハラは，環境型（職場環境を悪化させるさまざまな性的嫌がらせ）と代償型（職務上の立場や地位を利用，または雇用上の利益の代償や対価として性的要求をする）に大別されます．職場の女性に「女としての役割」を期待する職務慣習があるわが国では，「性別役割型」（ジェンダー型）のセクハラが多いという特徴があります．女性だけにお茶くみをさせたり，女性だけに制服着用を義務づけたり，名字で呼ばずに「○○ちゃん」と呼んだり，「うちの女の子」といったりする発言がそれに当たります．

　この「性別役割型」（ジェンダー型）のセクハラは，上司による女性に対する仕事の与え方（アサイメント）に大きく関わっています．なぜなら上司が対等な立場をつくり出す仕事に女性を就かせるかどうかで職場のパワーバランスが変わるからです．

積極的平等措置

　セクハラをなくす方策としては，改正均等法のもう一つの特徴的規定である積極的平等措置（ポジティブ・アクション）を活用して，人事政策の大幅な改善を心がける必要もあるでしょう．

　女性と男性の格差を埋めていくことは，短期にはできません．長期作戦で採

用の段階からポジティブ・アクションを実行していくことです．まず採用，キャリア開発，昇進などの基準を設定します．均等法に従った募集採用をする，募集方法ルートを決定する，入社試験のポイントチェック，中途採用をする，女性社員のキャリア開発システムを作る，中高年女性社員の再教育をする，能力開発プログラムをつくる，という順序で展開していくことです．こういった人材教育とキャリアパスを形成していく時の課題は，管理職男性の意識変革と女性に対する仕事と家庭の両立支援を充分行うことです．

第4節 感性を磨いて，あなたが羅針盤

1 女性活用は入社後早い時期から

先の見える企業は女性の登用を経営戦略に

　先の見える賢明な企業は，時代の変化や女性の登用の重要性をよく認識しているといわれます．つまり，保守的な企業風土では時代遅れの行動しか生まないことがわかったので，保守的な企業風土を改革するために，新しい参入者としての女性の登場に期待しているということなのです．先見の明のある女性たちは，素早くわが社の方向性をキャッチしています．女性登用に期待を持てる企業なのかどうかは，女性社員にとって最も興味のあることであり，それを見守っています．その見極めは，入社後1～4年くらいで明確になるようです．入社早々では期待感が高いのですが，見極めがつく入社「5年以降」（20代後半）では期待感が下がるというのが，一般的な傾向です．この時期になると（前項にみたように）MBA取得のため，海外に脱出しようということが本格的になるのかもしれません．

20・30歳代女性に特化したWeb調査結果

　女性と仕事研究所の，20・30歳代の働く女性に特化したWeb調査「女性社

員登用に関する企業評価調査報告書（2003年3月）」から，実際に企業内で働く女性は現状に満足しているのか，何が問題だと思っているのか，ということについて報告しましょう．

調査対象となった367名のプロフィールは，企業での経験年数「1〜4年」までが40％，「5〜9年」までが30％，働いている企業の業種としては製造業とサービス業に従事している女性が多く，企業規模としては小規模（1〜99人）と大企業（1000人以上）が多く，半数が事務職，次いで専門職，技術職が多い，といった女性たちです．

女性の期待感は入社5年まで

この調査で際立っていたのは，勤続5年くらいまでは企業への期待度が極めて高いのに，以降急激に下がってしまうことです．わが国の女性の平均勤続年数は8.7年（2008年）ですが，その勤続年数の半分は期待をもちながら，後半の半分は少しずつ期待を失っていく過程ともいえます．退職時にはもうすっかり企業への情熱をなくしてしまっているのです．何を待ち続けるのか，それは女性の登用です．自分の開発・能力発揮のチャンスを待っているのです．女性に情熱を持たせる対策（ポジティブ・アクション）は，入社5年以内に出さないと効果がないということです．男性と同じ基準でいくと10年は過ぎてしまいます．男性と同じ基準にしていては，女性には遅すぎるのです．だからこそ早めのポジティブ・アクションが重要だといえます．

企業を信頼する四項目，ビジョン・評価基準・ロールモデル・努力

女性社員の自社に対する好感度が高い上位四項目は，第一に「女性を登用するビジョンを掲げている」，次いで「業績評価や昇給に関して男女差がない」，「女性のロールモデルがある」，「経営者の職場改善への努力が見えること」となっています．女性登用に期待を持てる企業なのかどうかを見極める手だてとして，女性社員は以上のような項目で判断しているようです．

「企業のトップが女性を登用するビジョンを掲げている」というのは，最も

明白でわかりやすいでしょう．それから自分たちの業績評価も含めて，先輩たちの処遇に関して男女差がないかどうかにも注目しているのです．その業績評価の結果として，女性管理職のロールモデルができるのですから，「女性のロールモデルがあるか」も判断基準になっています．さらに「経営者の職場改善への努力が見えること」は，女性登用が進んでいる経過として，証拠にもなります．なお，これらの項目には，男女ともに長期勤続を支える「育児休暇や介護休暇がとれる」が前提となっているのはもちろんです．

　女性たちは登用を期待して待っているという状況が明白になっており，先見の明のある企業は，時代の変化や女性の登用の重要性を認識するようになっています．そんな時代に企業と女性社員側の双方がうまく志を合わせられると，とても大きな成果が見込まれます．

2　女性登用とMBA取得

MBA取得と経営幹部への進出

　先にも述べたように，日本の企業の中では先の見通しが見えないと頭を抱えていた女性たちには，留学してキャリアアップの強力な武器だといわれるMBA（経営学修士）取得を目指すケースが増えています．実際に高度な経営知識を身につけ，ビジネスの一線で活躍する実力派も出現しています．MBA取得に立ち向かう人たちといえば，かつては企業からの派遣組の男性が多かったのですが，1990年代後半から女性の増加傾向が著しいといえます．やる気があってもまだ企業内で評価されにくいと実感している女性にとって，資格や学歴を突破口にしたいという思いは，男性以上かもしれません．

　海外のMBA取得には，学費・生活費合わせて2年間で600万円から1000万円程度必要だといわれています．企業を退職したうえでの自費留学ともなれば，その負担感は小さくはないはず．本場アメリカで，高度な経営ノウハウを学ぶMBAを取得すれば，企業の幹部候補生へのパスポートになると信じたからこその大決断だったのでしょう．最近の実力主義の広がりを背景にした，女性た

日本の企業風土と女性のMBA取得

　女性のMBA取得者が日本に帰ってから充分に実力を発揮しているかというと，なかなかそうとはいえない状況にあるようです．実践的な経営の知識や異文化の中での交渉力を身につけたのに，日本の単一主義の企業社会では，それが充分活かされないと感じている人も多いのです．また，女性は特に，日本の企業風土においては，まだまだ頭角を現す素地ができているとはいえず，MBAホルダーといえども資格取得が活きるとはいえないのです．海外まで行かずとも，日本でのMBA取得が可能な経営学修士号を出す大学院も増えており，学ぶ場は確実に増えています．そこで重要なのは，MBAという資格取得を自分のキャリアプランの中でどれだけ綿密に練り上げるかということではないでしょうか．資格取得がメインではなく，キャリアプランの確立と，それを実践することがメインだということです．資格取得後の成果の出し方を，キャリアプランの中で織り込むことなのでしょう．あせらず実力をつけるという，単純なことかもしれません．

3　日本企業のポジティブ・アクション始動

20.7%がポジティブ・アクションに取り組む

　現在，ポジティブ・アクション（積極的平等措置）に取り組んでいる企業の割合が増えてきて20.7%となっています（2007年）．このポジティブ・アクションは，入社5年以内の女性に目に見える形で実施すると効果的だということは，1項のWeb調査結果で報告したとおりです．男性と同じ基準では勤続10年前後になりますが，それでは女性には遅すぎます．女性の人生設計には，結婚や出産計画だけではなく，もう一つの大きなテーマ「仕事の方向性・階段（キャリア・パス）」の見通しが必要なのです．

　前述の調査結果の自由記述の中から，二例ずつ紹介します．

まず最初は，自社への期待感が低いケースの例です．
◆制度はあるが，絵に描いた餅．結婚後，出産後に戻る人もなくてロールモデルもいない．周りも，そんなに頑張らなくても…という雰囲気．このまま勤めていてもやりがいは望めそうもない．研修からははずされ，かといって中堅だからと業務はしっかりくるのに，評価は低い．納得できない．どうしろというのか，辞めろということなのか．（製造業）
◆上層部は，女性は事務と雑用という固定観念が強く，改善案を出したくても，「言われたことだけやっていればいい．口答えするとは生意気な」と周りに人がいる前で言われた．（リース会社）

次は期待感が高いケースの例を紹介します．
◆外資という理由もあるだろうが，女性・男性の区別は全くない．実力主義なので．（IT・ソフトウエア）
◆仕事は全くの男女平等・男女均等．女性の既婚・子どもありも多く，共働きも多い．過去からの流れで部長レベルの女性管理職は少ないが，今後増えてくると思う．男性を中心にいわゆる"飲みニケーション"の場で話が弾んでしまうこともあるようだが，それ以外は仕事環境としては大満足．（教育会社）

ポジティブ・アクションの取り組み事項

　ポジティブ・アクションに取り組んでいる企業は26.3％なのですが，「今後取り組むことにしている」は13.0％，「今のところ取り組む予定はない」が最も多くて34.2％となっています．
　ところで，実際の取り組み内容ではどのような項目が多いのでしょうか．平成12年度の「女性雇用管理基本調査」（厚生労働省）によると，最も多いのは「性別により評価することがないよう人事考課基準を明確に定める」が66.9％，次いで「女性がいない又は少ない役職について意欲と能力のある女性を積極的に登用する」が46.2％となっています．「男女の役割分担意識に基づく慣行の

見直し等,職場環境・風土を改善する」は37.6％となっています.以下にグラフで示します.

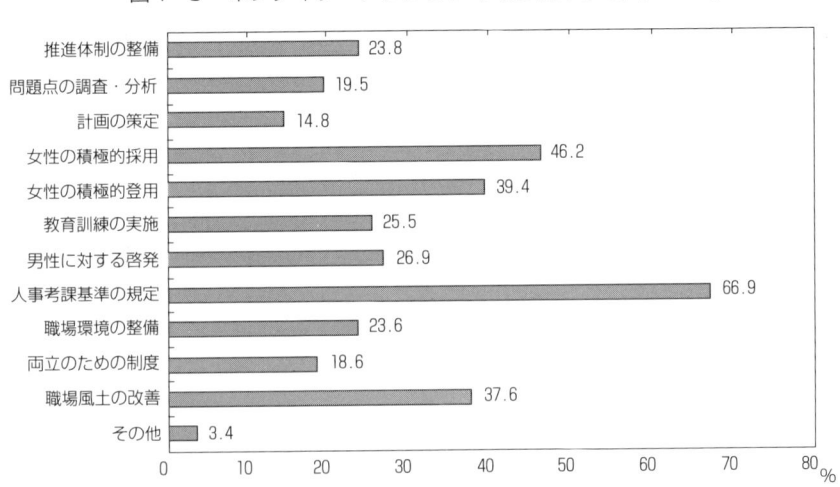

図1-3 ポジティブ・アクションの取り組み事項（M.A.）

項目	％
推進体制の整備	23.8
問題点の調査・分析	19.5
計画の策定	14.8
女性の積極的採用	46.2
女性の積極的登用	39.4
教育訓練の実施	25.5
男性に対する啓発	26.9
人事考課基準の規定	66.9
職場環境の整備	23.6
両立のための制度	18.6
職場風土の改善	37.6
その他	3.4

資料出所）厚生労働省「女性雇用管理基本調査」（平成12年度）
平成13年度版女性労働白書－働く女性の実情－

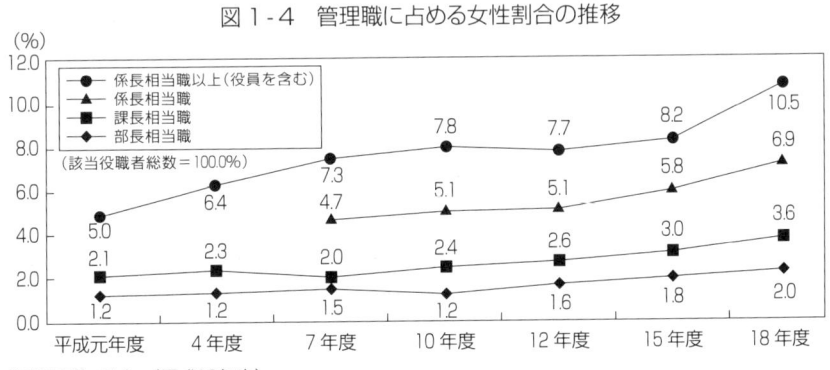

図1-4 管理職に占める女性割合の推移

（該当役職者総数＝100.0％）

年度	係長相当職以上（役員を含む）	課長相当職	部長相当職	係長相当職
平成元年度	5.0	2.1	1.2	—
4年度	6.4	2.3	1.2	—
7年度	7.3	2.0	1.5	4.7
10年度	7.8	2.4	1.2	5.1
12年度	7.7	2.6	1.6	5.1
15年度	8.2	3.0	1.8	5.8
18年度	10.5	3.6	2.0	6.9

資料出所）同上.（平成18年度）

図1-5 管理的職業における女性の割合

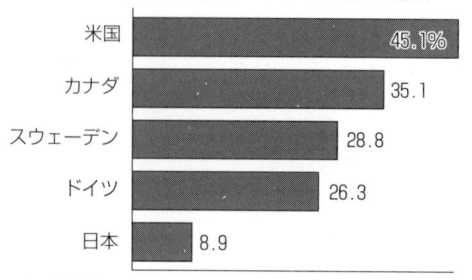

- 米国 45.1%
- カナダ 35.1
- スウェーデン 28.8
- ドイツ 26.3
- 日本 8.9

（ILO資料より作成．海外は1999年，日本は2001年のデータ．雇用のほか政治における議長などを含む）

まず採用から始まり循環する

　現在の厳しい企業環境にあっても，企業の成長が優秀な人材の採用と育成にあることは，多くの経営者が指摘しているところです．企業の成長に活力を生み出すのは，従業員の企業への期待感と，それに連動した職務満足感です．これは企業の人事戦略の基本でもあります．ポジティブ・アクションの取り組みが，女性社員の能力発揮に大きな期待感を与えており，女性社員の評価は高いのです．

　さて，ポジティブ・アクションを，どこからどういう手順で進めていくかを検討します．本気で仕事をしようと思っている女性が活躍するには，採用段階からスタートしなければなりません．男性同様に仕事に対する意欲を持った女性の採用を開始しなければならないのです．「採用して」，「育成して」，「登用して」という順序が循環して，企業の全体に渦巻き状に拡大していくことが必要です．

　はじめは，企業のトップからのかけ声だけであるかもしれません．なぜ女性だけに特化して実施しなければならないのか，といったことを「企業利益にも大いに役立つのだ」などと縷々説明することに終始するかもしれません．やがてだんだん浸透してくると人事部で一度，女性社員の意識調査をしようということになり，管理職の数の男女格差があまりにも開きすぎるという結果が出て

きて，ポジティブ・アクションを専門に進める担当部署をおくようにもなります．ポジティブ・アクションがスムーズに実現できるように，女性社員や管理職の意識変化のための研修も頻繁に行われるようになるでしょう．このようにトップから始まり，広がり，組織全体を循環し浸透していくでしょう．

表1-1　ポジティブ・アクション推進策

ポジティブ・アクション推進策	
活動主体	トップ→人事部門→現場→社員個人
活動目標	1　女性の戦力化
	2　女性の継続就業の促進
活動範囲	ソフト面
	社員の意識変革を促す啓発活動
	職場の風土改善
	ハード面
	1　男女数の調査
	2　属性によらない評価・昇進制度への修正
	3　女性の能力開発・登用政策
	4　家族支援政策（育児支援）

資料）佐野・嶋根・志野編著『ジェンダー・マネジメント』東洋経済新報社，2001年，113頁．

経営課題として位置づけ，数値目標を出す

　実際のところ雇用環境が厳しい中で，法的な義務でないポジティブ・アクションへの取り組みは，ともすると後回しにされがちです．企業イメージの向上のためには，女性活用に取り組んでいるといいたいところですが，経営環境としてはそう甘くはないのです．それでもポジティブ・アクションに踏み切っている企業では，経営課題の中に女性の登用を明確に入れているとか，はっきりとした数値目標を設定しているといった特徴があります．

　数値目標を設定することで，段階を踏んで実施していけるというメリットがあり，目標達成のために，女性社員の自覚や上司・同僚の意識改革を促す研修なども始めなければならないことに気づいていきます．また，ゴールを設ける

ことによって，研修や社内公募への女性の参加を促したり，職場の意識改革を進めたりといった施策は取り組みやすくなるでしょう．

やり始めると必ず出てくることは，例えば経営者や人事担当者の間に，このポジティブ・アクションが女性を甘やかすことだと受け取られ，社内の反発を招くのでは，といった懸念です．そんな時にも，経営課題になっていることや数値目標を設定して活動していることで，矛先がぶれないという結果につながります．

ただここで，ポジティブ・アクションの中には，家庭との両立支援など，女性が働きやすい環境づくりも当然含まれていることを，企業は忘れてはなりません．

第5節 自分を生きる女性になる

ジェンダーの視点で労働を考える

労働は人間にとって不可欠の活動です．人類は，その誕生以来，生産活動をはじめとするさまざまな労働を行うことで，自分たちの生活を支えてきました．といっても，労働は，単に生活を維持するためだけに営まれているわけではないのです．人間は労働を通じて，他者との社会関係を生み出すとともに，自分自身を表現し，新たな自分の可能性を求め続けてきたのです．つまり，労働は，人間が生存するためだけのものではなく，人間にとって自己実現の一つの重要な場なのです．このように重要な意味を持つ「労働」に関して，性にかかわりなく，すべての人に平等な機会と待遇を保障することは，社会の公正かつ健全な発達の基盤といえます．

ところが，ジェンダーという観点から労働について考察する時，一つの大きな問題が浮かび上がってます．現代社会においては，「男は仕事，女は家庭」というジェンダーによる労働の分業が，まだまだ根強く残っているからです．特に女性たちは，家事・育児・介護といった，人間の生活にとって必須の労働

の大部分をその肩に負わされる一方,社会的な労働の場においては充分な能力を身につけることができず,社会生活や地域活動でのコミュニケーションの手段や場を奪われ,多面的な人間としての可能性をせばめられてきたといえます.

現在,国際的にも重要な課題となっている男女共同参画社会の実現のためには,何よりもまず,このジェンダーによる職業の分業体制を組みかえる必要があります.

職業の三要素

職業の三要素(「経済的要素」「社会関係的要素」「自己実現的要素」)という概念があります.第一の「経済的要素」というのは,自分の食いぶちを自分で稼ぎ,経済的に自立するという要素,第二の「社会関係的要素」というのは,仕事を通して人とのつながりの中で生きていくという要素,第三の「自己実現的要素」というのは,仕事の中で人間としての成長を可能にする要素です.三つとも重要なのですが,サービス業の占める比重が大きくなっている現在では,製造業に比重の高かった従来の経済社会よりも,第三番目の「自己実現的要素」が最も強い比率で求められるようになっています.職業の三要素,中でも「自己実現的要素」を,女性も男性もともに自分の身体で充分に実感して生きていきたいものです.

自分を生きる女性になる

第1章のまとめとして,「自分を生きる女性になる」という提案をしたいと思います.成功へのキャリアデザインを自分で描けるかどうかは,自分を生きる女性になれるかどうかということだと思います.他人のためにではなく,かけがえのない自分自身のために生き抜くことができること,それこそが成功へのキャリアデザインを完成させた姿だと思います.そこで,自分を生きる女性とはどういうことなのか,考えてみましょう.

1) 自分を成長させ,自分の欲求を追求し,自分が何になりたいかを自分で決める行動は,「自分を生きる」行動です.自分を生きる女性は,自分

を成長させ続けます。
2）自分を生きる女性は，逃げずに対決します。自分を生きる女性は，自分の脚で立ち，自分の立場を主張します。
3）自分を生きる女性は，与えられるのではなく自分で手に入れます。自分を生きる女性は，与えることと受け取ることを平等にするのを基本とします。仕事の場で，自分を生きる女性は，仕事上での失敗も成功も他人や状況のせいだと責任をおしつけず，距離をおいて客観的に対処します。
4）自分を生きる女性は，一個の成人としての可能性を，職業を通して積極的に切り開いていきます。だからこそ，自分を生きる女性は「適職」にこだわるのです。

第1章　ワークシート

①輝いていたころ，ふりかえりシート

わたしがいちばん輝いていたのは……？

自分の仕事観が明確になってきました．続いて，具体的にどんな仕事が身近にあるか，自分の日常生活をふりかえってみましょう．記憶がある限り，古いところまでさかのぼってみましょう．

		由美子（20歳）	真美（37歳）	あなたの場合
もっとも充実していたころ	時期	中学2年生 部活でバレーボールをしていたとき	貿易会社に勤務していたころ	
	その理由	毎日目標があった	販売計画の立案 高収入	
	今後，仕事に生かせること	ねばり強いこと	指導力 企画力	
もっとも不満だったころ	時期	本屋で店員のアルバイトをしていたころ	科学技術研究所に勤務していたころ	
	その理由	金銭を取り扱うのが煩わしかった	反復作業が多い（多量の器具洗浄）人との接触が少ない	
	将来避けたいこと	小売業	反復作業の多い仕事 人とのつながりのない仕事	

出所）金谷千慧子『わたし・仕事・みらい』ワークブック，嵯峨野書院，2000年．

②したい仕事，できる仕事

会社や事業所の名前だけで就職を決めようとするのは，仕事の内容を吟味しないことです．それでは，あとから，やりたい仕事かどうか，やれる仕事かどうか悩むことになります．仕事の内容を吟味しましょう．

		仕事内容	コメント
理想の仕事	例	1. 中国大使 2. 海外旅行添乗員	1. 実現すればすばらしいが，問題外 2. この仕事は無理だが，少しだけフランス語ができるので，旅行業界のほかの仕事ならできるだろう
	あなたの場合		
条件が整えばできる仕事	例	3. 子ども図書館の司書 4. 市場調査アシスタント 5. 人事担当職員	3. もう少し研修が必要．2年間ぐらいはボランティアででも 4. 学校の休日に休めないが，子どもが学校に入ったら可能 5. 雇い主が何を求めているか知るためだけに応募してみる
	あなたの場合		
いますぐにできる仕事	例	6. ワープロオペレーター 7. 第二外国語としての英語家庭教師 8. 旅行ガイド	6. 充実感がないかもしれない．肩こりの心配も 7. 手始めとしてはいいかもしれない．もう少し調べてみる 8. 自分でスケジュールがたてられない
	あなたの場合		

出所）金谷千慧子『わたし・仕事・みらい』ワークブック，嵯峨野書院，2000年．

③リーダーシップとメンバーシップ

メンバーシップ力 —— Meintenace Leadership　　　□点

1. あなたは，ほかの人たちの意見の内容を積極的に理解しようと努力しましたか.
　　（5.非常に　4.かなり　3.どちらでもない　2.あまりない　1.ほとんどない）
2. ほかの人は，あなたが意見をだしたとき，あなたを支持してくれましたか.
　　（5.非常に　4.かなり　3.どちらでもない　2.あまりない　1.ほとんどない）
3. あなたは，自分と違った意見がでても，冷静に自分の意見を主張しましたか.
　　（5.非常に　4.かなり　3.どちらでもない　2.あまりない　1.ほとんどない）
4. あなたは，雰囲気を楽しくするために気を配りましたか.
　　（5.非常に　4.かなり　3.どちらでもない　2.あまりない　1.ほとんどない）
5. ほかの人の発言に，相づちをうつなど話し合いをスムーズに運ぶよう努力しましたか.
　　（5.非常に　4.かなり　3.どちらでもない　2.あまりない　1.ほとんどない）
6. あなたは，リーダーがすすめやすくなるように，何かと援助しましたか.
　　（5.非常に　4.かなり　3.どちらでもない　2.あまりない　1.ほとんどない）

リーダーシップ力 —— Performance Leadership　　　□点

1. リーダーは話し合いの目的やタイトルを示し，解決方法やポイントを提示しましたか.
　　（5.非常に　4.かなり　3.どちらでもない　2.あまりない　1.ほとんどない）
2. リーダーは，いろいろ違った意見を，どの程度まとめようとしましたか.
　　（5.非常に　4.かなり　3.どちらでもない　2.あまりない　1.ほとんどない）
3. リーダーは，ほかの人たちの発言を，どの程度うながしましたか.
　　（5.非常に　4.かなり　3.どちらでもない　2.あまりない　1.ほとんどない）
4. リーダーは，話がそれたりしたとき，本題の方向へもっていこうとしましたか.
　　（5.非常に　4.かなり　3.どちらでもない　2.あまりない　1.ほとんどない）
5. よいアイディアがでたとき，それを積極的に活かそうとしましたか.
　　（5.非常に　4.かなり　3.どちらでもない　2.あまりない　1.ほとんどない）
6. 話し合いのとき，時間配分に気を使い，残り時間を告げたりしましたか.
　　（5.非常に　4.かなり　3.どちらでもない　2.あまりない　1.ほとんどない）

©女性と仕事研究所

④成功する女性に共通する10ポイント

　月　　日　　合計点　　　点

		できている	ほぼできている	ややできている	あまりできていない	できていない
1	意見の違いを楽しみ，混沌状況や困難な状況をチャンスととらえる方である	5	4	3	2	1
2	自分に自信をもっており，「自分って大した者だ」と内心思っている	5	4	3	2	1
3	少し背伸びをする環境に身をおいているほうが好きだ	5	4	3	2	1
4	人生の主人公は自分であると信じ，失敗を人のせいにはしない	5	4	3	2	1
5	攻撃的でもなく，ネガティブでもなく，アサーティブ(積極的)に自己主張できる	5	4	3	2	1
6	人間的魅力を高めるよう努力している	5	4	3	2	1
7	信頼できる友人が多くいて，人的ネットワークを広げている	5	4	3	2	1
8	仕事の優先順位をつけ，時間管理をするのがうまい	5	4	3	2	1
9	仕事を通して社会に貢献していると実感している	5	4	3	2	1
10	ポジティブシンキングを身につけている	5	4	3	2	1

©女性と仕事研究所

第2章

個を活かす
キャリア・マネージメント

学校教育の中で，将来にわたって仕事とともにある人生をカリキュラムの中にどう入れていくのかは，今後の課題です．就職を目前にした大学の3・4年生が就職に苦労するからという問題だけではなく，小・中学生から，いやもっと早い，就学前からの職業教育（キャリア教育）があってこそ，自分はどんな職業で，社会でどんな役割をもって生きていくかという人生設計ができるのです．「仕事さがしは，自分さがし」と，よくいわれますが，まさに，よく生きることは，よい仕事を選択し，よい仕事を創造していくことなのだと思います．

　「女子学生の就職活動からみる企業評価調査」を，大学の授業の一環で行いました．女子学生の希望する企業は，第一に「性別ではなく実力で業績評価をする」で，次いで「結婚後も出産後も働き続けられる」でした．均等法以前も今も，女子学生の希望は変わりないのです．業界では，教育産業，電機メーカーなどに人気がありました．

　終身雇用制度がほとんど崩れかけています．エンプロイアビリティ（雇われうる能力）が必要だといわれているのは，単に転職や再就職が頻繁に行われるだろうからという意味ばかりではなく，今働いている企業内でも，成果主義にのっとった業績評価をきちんとされるべきだということにつながるのです．これがコンピタンシー・マネージメントといわれる，年功賃金，年功序列の雇用慣行から能力主義への移行の特徴です．

第1節 キャリアとは

1 学校とキャリア教育

定着した「キャリア」という言葉

　キャリアという言葉は，すっかり日本語として定着しました．「仕事」や「職業」，「進路」や「職業経歴」などに代わってしばしば用いられています．キャリア（career）という言葉は多義的で，一つの日本語に置き換えられないさまざまな意味を持っています．キャリアとは，広義には人がその生涯において辿る社会的地位と役割の系列を意味しています．例えば，生まれ育った家庭環境，どのような教育を受けたか，就職・昇進・転職などの職業経歴，さらには結婚や育児の経験，地域社会における活動歴などを含む，いわば人が生きてきた道筋がキャリアです．

　通常キャリアという言葉は，職業に焦点をあてて使われる場合が多いのです．キャリアの定義は数多くありますが，その中でも最も包括的と思われるのは，「一人の人が生涯にわたって従事しまたは占めるところの職業・職務・職位の前後連鎖したものである」といえます．まず，昇進や昇格を意味する場合であるとすると，日本では行政組織などで高度専門職への道を約束された人々のことを指す「キャリア組」という呼び方があります．これは出世へのパスポートを手にした人という意味で使われます．医師・弁護士・大学教授といった確立された専門職従事者を，キャリアと呼ぶ場合もあります．アメリカでは，もとは外交官を指す言葉であったそうです．外交官になるための特別な教育を受けてこれを生涯の仕事とする，いわゆる"生え抜き"の外交官を意味します．このように，キャリアという言葉はさまざまに用いられますが，どのような場合にも共通する二つの概念が含まれます．一つは，「連続するひとつながりのもの」であり，もう一つは「上昇すること・発展すること」です．キャリアの意味をつかむには，この二つの概念を想起する必要があります．もう一つの概念

の「職業」について考えてみましょう．「職業」は「職」と「業」という二つの言葉の合成語です．「職」の本来の意味は，個人が全体に対して，あるいは権威者に対して負わねばならない連帯的な意味を持つ仕事の総称です．また「業」とは，生きるために，どうしても逃げられない生活のための仕事のことです．したがって「職業」とは，「自分の得意とする分野や適性を社会に活かすことにより，賃金を得て生活の糧とする活動である」といえます．

　ここで，「キャリア」と「職業」を比較すると，「職業」の方が人間たるもの社会の中で生きるためになすべきことといった，あまり気楽ではないイメージがあります．それに比べて「キャリア」の方は，もっと個人が主体となる概念で，「自分のやりたいこと」や「好きなこと」とライフスタイル，生活と仕事のバランスなどの関わりが強く，いい人生を送る欲望・欲求といったイメージがあります．現在，本来的には個人が主体となる「キャリア」の方が，若年層や女性向きの概念になってきています．

学校の中のキャリア

　職業に就く前の学校教育の中のキャリア教育を見てみましょう．そのためにはやはり，アメリカでの発展ぶりを見つめることになります．アメリカでは1960年代に，職業教育活動を内容によって小学校から高校までを通して学校・家庭・職場・地域でも実践しました．ミネソタ州とカリフォルニア州の公立中学校における実践には，多数の成功例を見ることができます．

　このような関連活動の共通点は，活動の中心が学習者である生徒に置かれていること，学校内部の学習や生活経験と，地域社会や職業社会との関連づけを目指すことなどが，共通のベースになっています．長期にわたる学校の教育課程の中に，このような活動を段階をおって計画的に組み込むことにより，職業社会の現実に目を向けさせ，職業を生活の中に不可欠なものとして位置づけていきます．そのうえで自分の興味や適性に合った職業を選択する手がかりを与えていこうとするのです．日本でも近年キャリア教育が重視されるようになっています．

アメリカのキャリア教育

キャリア教育運動は1970年代から80代前半のアメリカにおいて大きな広がりを見せました．この間に所期の目的を充分達したと評価されています．「キャリア・エデュケーション奨励法」は5年間の時限立法だったため，1984年にその使命を終えましたが，その後いくつかの民間のキャリア教育関連組織が結成され，現在もアメリカにおいて活発な推進運動が続けられています．

近年，日本の教育界にキャリア教育導入の動きが見られます．進学指導に偏った進路指導のあり方，家庭の教育権能の弱体化，将来への夢や展望を持てず主体的進路選択力のない生徒・学生の増加などで，フリーターといわれる，半ば失業者層の大幅増大が見られます．この現象は，1970年代のアメリカの状況と酷似しており，アメリカでキャリア教育の必要が叫ばれた時と同じ危機的状況が見られます．

アメリカにおいても，キャリア専門の教師がいるわけではありませんでした．キャリア教育は，幼稚園から高校，短大，コミュニティーカレッジのレベルまでの全教育過程で，各教科指導の中に総合的に組み込まれているのです．各学校には，キャリア教育のためのカウンセラーやコーディネーター（学校と企業の連絡調整をする）がいて，その人たちの援助を受けながら，クラス担当教師が通常の教育の中で実践していきます．そんな教育実践の中でキャリア関連の活動がまとめられていますので，表2-1で紹介しましょう．

日本の学校教育制度の中に，アメリカ的なキャリア教育をそのまま取り入れるには多くの困難があるといわれています．まず職業を自主的に選び取る習慣が根付いていないということがあります．男性も企業に就職させてもらうという発想でしたが，特に女性の場合には，自分の生き方と連動した職業という考え方が持ちにくい長い歴史がありました．男女の賃金格差が大きく，自立を意識することができないことや，妻は養われる存在であるという一般的な結婚観が大きく影響を与えていたことは間違いありません．

表2-1 キャリア教育関連活動

A	討議，討論など生徒相互の話し合いを中心とする内容
	・「一度選択した職業は変えるべきではないか」「人間は幸せになるためには働かねばならないか」等について討議する．
	・各職業に必要な技能・技術について話し合う．
	・「成功」「権力」「名声」「満足感」「金銭」について討議する．
B	観察・リサーチ・事例研究など，積極的な活動を中心とする内容
	・両親などが働いている職場で一日過ごし，観察結果をクラスで報告する．
	・自分の興味・目標・価値観・能力をまとめたり分析する．
	・伝記を読み，子ども時代の経験がどのように将来の選択や機会に影響を与えているかを研究する．
C	ゲーム・シュミレーション・AV教材など，模擬的，代理的な手段を活用する内容
	・自分の長所・短所を表現する場面を設定し，ロールプレイする．
	・「これが自分の人生だ」をドラマ化する．
	・テレビショーを見て，登場人物の服装・マナー・スピーチなどから職業別ステレオタイプを説明する．
D	インタビュー・研究調査など，生徒の自主的な行動を中心とする内容
	・職業ハンドブックで仕事の記事を読み，相互に関係しあっている仕事をみつける．
	・いろいろな仕事をしている職業人にインタビューする．
	・雑誌・映画・新聞などを調べ，各職業がどのように描かれているかを知る．

出所）青島祐子『女性のキャリアデザイン』学文社，2001年，53頁．

大学に問われるキャリア探索の場の提供

　自己の職業生活を見通した生き方を考えさせ，主体的に進路を選択する能力を育成する教育が緊急課題となり，教育関係者の関心が高まっています．1984年には文部省によりキャリア教育概念モデルが作成され，全国の先進的な学校においてキャリア教育の実践が行われています．これまでの実践例は，中学校や高校が中心でしたが，今後は大学などの高等教育においてキャリア教育の流れをくむ各種の授業や特別プログラムを積極的に展開する機運が高まっています．その中心となるのは，学生から職業人への移行を円滑に行えるように，大学側がバックアップする体制の充実です．

　具体的には，「働くこと」の意味を考えさせる授業や，進路選択の指針を示す講演やパネル，自己分析のための講座の実施，キャリア・カウンセリング室の開設，インターンシップ（在学中の就業体験）の支援などです．

近年，高校生が進学先を選ぶ際に，大学の就職支援サービスの充実ぶりを重視する傾向が強まっているといいます．この場合の就職支援とは，単に卒業生の就職率の高さや，大企業やブランド企業への就職者の数を意味するのではないのです．高校生が注目するのは，よい就職をさせてくれるかどうかというよりも，自分の適性や能力に合った進路を知り，働き方や生き方を考えさせてくれる「機会」や「場」が用意されているかどうかなのです．すなわち，学生にキャリア探索の場を提供できるかどうかが，これからの大学に問われているのです．

2　学生とキャリア

仕事を未来にどう取り込むか

　若年齢層（新卒者）の就職が困難になってきています．景気が悪いからというよりももっと構造的なものがあります．欧州各国のように若者の失業が2割前後という程ではありませんが，終身雇用が当然の時代では，若年齢層の就職が困難になるというのは考えられなかったことです．実はこの終身雇用というのは男性だけに通用する，それも大企業だけの話だったのです．男性は卒業と同時に企業に新規に入社するのが当然，定年退職までつつがなく勤め上げるのも当然，そして女性は家庭が中心で，家事育児とパートをこなしながら，家族の喜びを自分の喜びだと思いこまされ，自分の生きがいには手をつけないまま放置していた時代をつくってきたのが終身雇用制でした．しかし雇用形態のフレキシブル化や，産業のサービス化，働き方の自己選択，個別性，自律性など，今や社会システム・産業構造の激変の時代．モデルをもてない若年層にとっては，仕事を人生の中でどう位置づけるのか悩みの多いところです．

　就職率は大卒男子が7割，大卒女子が6割，次いで高校卒が5割，短大卒は4割で最低となっています．専門学校卒の方が短大卒より就職率は高いのです．均等法成立から20年近くの年月が流れても，依然として女性の採用が男性を下回るという性差別の歴然たる事実は変わりません．ただ1980年代と比べると，

短大卒の一般事務職の就職口が大きく減少し，専門技術職での採用はそんなに減少はしていません．このことは，明確な職業意識と職業スキルが求められる時代になってきていることを物語るものです．

「仕事さがし」は自分さがし

そのための第一歩として，「仕事さがし」のためには自分さがしをするということを提案したいと思います．人間として自尊心を持ち，家庭だけではなく仕事を通して社会の中で自分の居場所を確立することはとても基本的なことです．第一，自分で判断・決断するとその延長線上に行動と責任が伴ってきます．行動と責任を誰かに委ねている状態では，本当に自由な判断や決断はできないでしょうし，そんな「わたし」に，高い自己評価や自己肯定が可能でしょうか．とても難しいと思います．今まで多くの女性は，「わたし」を大事にすることよりも，相手のことを何よりも優先するように慣らされてきました．「控えめ」を美徳として育てられた女性たちには，自分が何を考え，何が好きで何がやりたいのか，何が嫌なのか自分の気持ちに正直になる習慣が育っていません．自分を育てていくのには，「わたし」が広がる場としての仕事が欠かせません．

二つの時期

一般的には，女性が仕事のことを真剣に考える時期は二つあります．一つは初めての就職の時，そして二つ目は子育てが一段落した再就職の時です．両方とも自分と職業についての選択をし決定を下す時に，どの位自分との葛藤をくぐり抜けたかによって，自分にとっての仕事の重要度は変わってくるのです．

しかし，最近では二つではなく四つも五つもあるのではないかといわれています．女性が25歳ぐらいの頃と29歳頃にも転機があるといわれるのです．あまり深く考えないで就職し，何となく仕事をこなしてきた事務職の女性は，「このままでいいのだろうか」と思い悩む時がきます．気がつけば25歳．彼がいないのではない，でもこれからの人生はまだまだ長い．「何か始めなければ」

と思うけれど，それが何かわからない．資格なのか，留学なのか等々思い悩むのです．29歳になるともっと深刻になります．出産に逃げ込むかどうかも含めてです．その後もずっと，仕事と日常生活の中で自分との葛藤はつきないことでしょう．自分に合った人生や働き方をさがさなくてはならない，その時のカギはいつも自分の中にあるのです．今の会社のせいでもない，家族のせいでもない，未来はいつも，自分の中にあるのです．

3　女子学生の就職活動から見る企業評価

質の高い情報提供を

　女性が自分らしい生き方を企業で実現できるかは，これからの課題です．そのために優秀な女性を採用し，企業の活性化に寄与するためにはジェンダーフレームワークをニュートラルなものに変えていくことであり，本当に性に中立な基準での採用を実現することが重要なのです．以下では女子学生が就職活動を通して，企業の採用基準をどう見ているのかを調査結果から見ていきます．

　2006年，全国の女性の4年制大学進学率は38.5％（短大は12.4％），職業と生き方では「継続就業型」希望が過半数を超えるようになりました．人生最初の就職先をどう決めるかはますます重要課題となります．大学の就職課も女子学生の対応に力を入れていますが，さらに女子学生に寄り添った就職支援が必要であり，そのための効果的な情報は，就職活動を終えたばかりの先輩の就活情報だと思われます．後に続く女性の企業選択に的確な情報提供をしたいと，「女子学生の就職活動から見る企業評価」を実施しました．

　この調査は中央大学での授業の中で実施したものです．後期から始めた「女子学生の就職活動から見る企業評価」調査は調査分析も結果発表会も学生の手で実施しました．クラスは20名程度と少人数クラスだったので，半数ずつでチームをつくりました．調査班と報告会（イベント）班で，机を寄せ合い，毎回パソコンを持ち込みました．調査班は集まったデータを入力，集計し，分析しました．データは集まりにくかったので，ゼミの先生に依頼したり，クラブ

の先輩に頼み込みました．ホームページのアドレスを知らせて送信してもらうようにもしました．

　当初から企業名を顕して評価するのが目的でした．まず業界をどうグループ化するかでは，公的産業分類に基づくのではなく，女子学生の人気業界をグループ化することにしました．学生の目線で，学生に寄り添った調査にしようと決めていたからです．関東圏や近畿圏の女性学関連の講義を担当している教員，就職課の協力を得て，最終的には分析に耐える数が集まりました．

　就職活動を終えた女子学生は，ほっとして，しばらくは大学に顔を見せなくなるようですが，自由記述には，「私が企業を評価する，こんなことがしたかった」，「後輩にどうしても伝えたい」というコメントがありました．就職活動という今までの人生での最大の事業を終えた彼女たちは，アンケートで就職活動を分析し，ここで一息入れて，これからの社会人生活に夢を描こうとしているようです．

　アイデアを出しながらイベント企画を進めるために，チラシやポスターの作成にはパソコンは必須．目の前に形で表現できると，成果と意欲が現れやすいのです．報告会（イベント）班もパソコンは必携でした．

　グループの中で次第にリーダーができあがっていきます．自分でリーダーでありたい人物よりも，リーダーたりうる人物をお互いに紆余曲折しながら決定していくようでした．

　受講した学生は，「やりがいのある授業」という経験になり，また報告会に参加した学生のアンケートでは，「これぞ大学の授業だ」という意見が多数見られ，教師にとっても学生の変化が毎回感じられるという経験をしました．この調査には東京都ウィメンズプラザの助成金が受けられたという幸運がありましたし，中央大学では「ユニークな授業を進めるためのゲストスピーカーへの謝礼」という制度があり，ゲストに謝礼を払うことができました．多くの大学教員と就職課からアンケートの回収に協力を得られたという幸運も重なりました．継続的に「女子学生の就職活動から見る企業評価」を実施できればと考えています．

5段階評価で分析

アンケートは企業名を記載し，主観と実感でABCDの4段階で企業を評価し，その理由づけを記述式で書き込むようにしました．結果，評価基準が，かなり明確に男女雇用機会均等法や労働基準法・育児介護休業法の内容と重なることがわかりました．詳細に分析するために，AA,A,B,C,Dの5段階の基準を設け，それぞれ5～1点までの得点をつけ，企業の総合得点を回答者数で除し，得点の上位30社を企業名を入れて公表しました（ここでは10社）．

女子学生の視点は「個人主義・実力主義」

女子学生が最も企業に期待するのは「個人・実力主義」であり，「女性が働きやすい環境である」「女性を積極採用している」「福利厚生が整っている」などです．これは，性別ではなく個人で評価をしてほしい，結婚・出産後も働きたいという意志の現れであり，これらの項目に取り組んでいる企業は高評価を得ているのです．

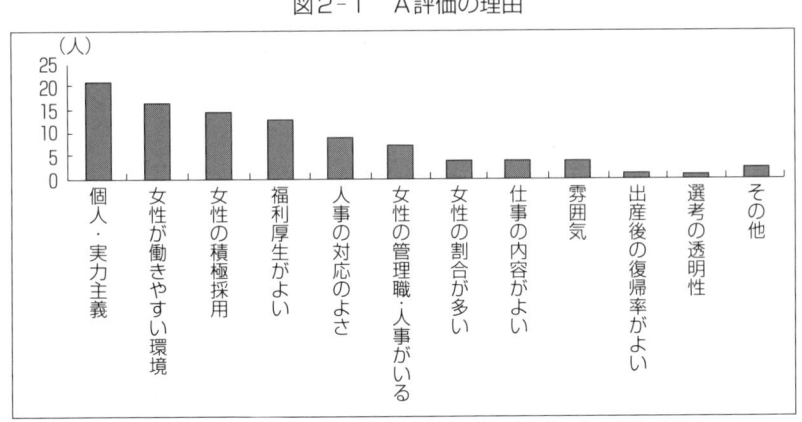

図2-1　A評価の理由

資料出所）女性と仕事研究所「女子学生の就職活動から見る企業評価」2003年3月．

逆に評価が低かったのは、「産休・育休などの制度が整っていない」、「制度があっても休暇がとり難い」企業です。次いで人事・面接官の対応・態度が悪い企業、女性の総合職を採用しないという企業も評価が低いのです。女子学生が望むのは、実力を評価してくれる企業で、結婚・出産後も働き続けることができる企業であることがわかります。

業界別の評価

　業界別では、高評価を得た企業が多いのは、教育業界・電機メーカー業界です。その理由として、教育業界は女性の積極採用に力を入れている企業が他業界に比べてかなり多く、また電機メーカーと同様に出産・育児に関する福利厚生が整っていることが記されていました。また、教育業界では最低評価をつけた学生が一人もいませんでした。その他メーカーや流通・商社・小売業界では、営業職・総合職になると人事・面接官の対応・態度が悪く、「女性ならでは」の質問が多く見られます。

　金融業界に関しては、未だ「女性＝一般職」という考えが強く、また、家族調査や学歴差別、女性のみ自宅通勤採用などさまざまな差別が行われています。銀行業界以外でも女性の大量採用を行っている企業は多いのですが、男性とは雇用形態が違うことや、短大生を有利に扱うなどの差別があることで、女子学生の評価は低いのです。マスコミ業界では、個性・人物重視の企業が多く、人気は高かったのですが、逆に選考基準が不透明だという意見も多く見られました。

　サービス・旅行業界では、「男女平等を感じた」とか「学生に対し配慮がなされていた」という声もある一方で、警備サービス業界などでは、「女性は事務」といった考えが残っているという印象があります。建築・不動産業界では、「家賃補助の制度差別」はないものの、「総合職＝営業＝男性」と人事・面接官から言われたという声や、一般職と総合職の給与差が大きいなどの声が多くありました。

表2-2　高得点トップ10社とその理由

順位	企業（得点）	理由
1	㈱富士総合研究所	男女平等だと感じたと全員が答えており，結婚・出産後の制度も整えている環境の良さが高評価につながり，低評価をつけた人はいない．
2	日本IBM㈱	内定者の男女比が1対1で産休・育休の制度もしっかりしていることから男女平等・結婚後も続けられそうだと評価が高まった．
3	三井生命保険㈹	女性の働きやすい環境が整っており，女性でもやりがいのある仕事を任せてもらえる，と評価が高かった．理由を述べずA評価をつけている人が非常に多かった．
4	㈱ファーストリテイング	服装自由の企業は他にもあるものの，ファーストリテイリング社では完全実力主義で本当に自由だと感じた人が殆どであった．
5	㈱シーイーシー	女性のほうが多く，女性を活用していると感じた学生が多かった．
6	公文教育研究所	女性の積極採用に取り組み，結婚・出産後の制度も非常に整っていて，女性に優しい企業として高評価が集まった．
7	JR東日本・西日本	全て平等だと感じた，女性社員の対応が良く，女性が活躍していると感じたという声が非常に多かった．
8	P＆G	仕事は忙しいが，待遇が良いことを挙げている学生がおり，評価が高かった．
9	㈱資生堂	女性社員が多く，結婚後も働きやすそうだと感じた学生は高評価をだしているが，逆に総合職は転勤も多く生活とのバランスが難しいという意見もあった．また，集団面接では女性に全く質問をしなかったなど，面接官の対応・態度が評価を下げた．
10	ＵＦＪ銀行	女性は一般職という考えは未だあるものの，一般職と総合職の壁が薄れつつあること，また福利厚生が整い，人事の対応が良かったことが高評価につながった．

資料出所）女性と仕事研究所「女子学生の就職活動から見る企業評価」2003年3月．

第2節　キャリア・メイキング

1　キャリアとエンプロイアビリティ

キャリアは「自分にとっての資産」

　仕事をしていくうえで「キャリア」という言葉をよく使います．辞書を引くと，キャリアには「経験，職業，成功，進行，進展」等の意味があります．一

言でいえば，キャリアとは人生の中でその人が積み重ねてきたすべての経験のようなものです（前節参照）．

「キャリア」という言葉は，ほんの少し前まで英和辞書には見あたりませんでした．日本ではごく最近一般的に使われるようになった言葉です．少し定義をあげてみますと，「日本労働研究雑誌」では，「職務，職種，職能での具体的な諸経験の客観的な連なりと，非連続的な節目での主観的な選択と意味付けが生み出していく回顧的展望と将来構想の意味付けのパターン」といっています．その他にも「自立へ向けての自助努力と知識・経験を成果につなげるための行動様式を確立し，スキルを身につけることによって身につく能力」，「職務の生涯に渡る連なり，職種や階層に関わりなく，人が仕事人生を歩む間に着任する職種の流れ」というように，「キャリア」の持つ意味はさまざまです．

「キャリアといえるほどのものは何もない」という人がいます．しかし，どういう業種の企業で働いてきたか，何に力を入れてきたか，それがたとえ補助的な事務作業だとしても具体的には何をしてきたかを考えてみることも大事です．キャリアは「自分にとっての資産」であり，「自分らしい生き方をするための積み重ね」です．つまり，今後の自分の仕事人生を考える時に必要となるもので，「今まで何をしてきたか」と「これから仕事をしていくうえでの個々の能力」の重ね合わせが「キャリア」といえます．

キャリアは，子どもの頃から人生を通じて形成されます．その段階と課題がどのように発展するかについては，もちろん個人差が大きいものです．子どもの頃から目標を定めてそれを生涯の「天職」とする人もいるでしょう．また，転職を繰り返す中でキャリアを積む人もいます．とはいえ，ある程度一般化されたライフサイクルがあるのも事実です．不確実性の時代に，キャリア・ゴールは決して固定的ではありませんが，ライフサイクルとキャリアについては大いに関係があります．

キャリア形成のために必要なスキル

一般的に，職業能力を構成するものとしては，健康，常識，職業上の知識や

情報，技術・技能，経験，意欲等があげられます．ただ，個々の能力のレベルやどのような組み合わせがいいのかは各人各様です．業種や職種によって，またその企業風土によって求められる能力は当然違ってきますし，社内の人間関係も大きく影響してきます．

　例えば，会社を経営する場合，「ヒト・モノ・カネ」そして「情報」と言われる経営資源が必要です．しかし，すべて揃っていてもうまくいくとは限りません．ビジネススキルもそれと同じです．成功している起業家たちは，それらの資源を活かすためのさまざまな能力を持っています．例えば人を引っ張っていくリーダーシップ能力もその一つですが，そのリーダーシップのあり方もさまざまです．

　共通しているのは，その経営者がどんなタイプの人にしろ，その会社の状況に応じて，今重要なことは何かという課題設定ができることです．そして，優先順位を考え，方向性を決め，その実現の方法を考えます．これらの流れを，どれだけの人や組織に理解してもらいながら実行できるか，周囲の協力を得ながら適切にマネージメントする力を持っているか，ということが重要なのです．経営者でなくても，人は働くうえでは複合的なスキルが必要です．自分自身のビジョンに向かって自分自身の資質を最大限に活かすために，「道具としてのスキル」が必要になってくるわけです．

　仕事に必要なスキルというと，英語の能力に関する英検やTOEICなどのように資格として一般的にわかりやすいもの以外は客観的には判断しにくいものです．しかし，こういった目に見えるもの以外のスキルもたくさんあります．これらの能力を，それぞれ自分の置かれた立場や職務によって身につけることが必要です．新入社員の頃に求められるスキルと中堅社員になってから求められるものは当然違ってきます．会社の状況によっても求められるスキルは変化します．スキルは実際に仕事をしていくうえで知らず知らずのうちに身につくものもありますが，研修や自己研鑽によってスキルアップするものがほとんどです．

エンプロイアビリティ

「エンプロイアビリティ」とは，一般的には「雇用される能力」といわれますが，日本経営団体者連盟は，「労働移動を可能にする能力」と「当該企業の中で発揮され，継続的に雇用されることを可能にする能力」を加えた能力としています．これは，今所属している企業内で求められている能力があるかどうかだけではなくて，社外に出ても通用するかどうかという能力のことです．雇用流動化の時代においては，「労働移動を可能にする能力」が求められていることはいうまでもありません．

企業も変化や変革を必要とされている時代には，一元的な社内の価値だけでは人材の評価はできなくなってきています．必要なことは，特定のスキルを追求するというよりも，変化に伴って，いかに行動し，どういうスキルを身につけていけばよいか，という変化に対応するスキルなのです．

エンプロイアビリティという言葉が初めて使われたのは，1970年代のイギリスだといわれています．オイルショック後の経済不況で失業者が増大した頃，「雇用労働者として働くための基本能力」を子ども時代から身につけさせることは，社会保障の観点からも重要だという意味で使われたのです．アメリカで使われはじめたのは1990年代で，転職や再雇用にいい条件で雇われうる専門的な能力，という意味で使われています．

日本では，アメリカ流のより高い報酬でヘッドハンティングされる能力という意味で使われる場合と，なかなか雇用されにくい若者のフリーター問題についていわれる場合の両方の意味があります．いずれも重大な社会問題になりつつあります．

日本では一般事務職にはソロバンが必須でした．ところがほんの十数年前のことですがワープロが普及しはじめ，ワープロ入力のできる人がもてはやされるようになりました．一時期，再就職を望む女性たちのワープロ講座熱は高く，セミナーには応募者が殺到していました．しかし，誰もがワープロを使えるようになると，資格の価値は下がってきました．今やワープロは消滅し，パソコンの時代です．パソコンのさまざまな機能を使えるようになると，今度はホー

ムページの作成やデザイン能力が求められるようになりました．求められる技術はどんどん高度になっています．時代に応じて必要とされる人材は変化していきます．市場価値の高いキャリアをつけていくために，自分自身で求められる能力をつけていくことが必要とされています．

2　キャリア形成とキャリア・カウンセリング

個人と組織をつなぐキャリア・カウンセリング

　キャリア・カウンセリングとは，組織と個人をつなぎ，キャリア形成（よりよい仕事人生）をするために用いられるスキルや情報を提供するということです．キャリアとは，仕事の視点から見た人生です．仕事が人生のすべてでないことは当然ですが，仕事を中心とした，あるいは少なくとも，かなりのウエイトを仕事にかけた生き方を前提にする人生です．仕事に，どの程度の幅や広がりを持たせるのかは難しい問題です．狭い意味では組織の中の一定の職務（ジョブ），あるいは特定の職業（オキュペーション）になりますが，それが仕事のすべてではありません．社会的，文化的，政治的，趣味的な分野などでの職務外，職業外の活動もあります．多様なボランティア活動もあります．最近ではNPOも仕事です．このような広い仕事の範囲と仕事以外の家族，人生などとの調和を図ることがキャリア・プランニング，キャリア・デザインです．

　仕事の要素が少ないカウンセリングでは，キャリアとは縁遠くなり，個人と組織をつなぐというよりも，本人自身の発達的な不安定要因（例えば生育上の問題）や，鬱症状，神経症などが主訴となります．この場合には，臨床心理専門家への紹介を検討しておくことが必要です．

　個人と組織のつながり方は，基本的には対等関係です．対等で，双方向的な尊敬と共存と自己選択の関係でつながります．自己選択が最も重要な過程です．自己選択という過程が，意志の強い個人を生み，さらに強い組織を形成する基本になるのです．また，雇用形態や採用方法の多様化にかかわらず，個人と組織との仕事関係では，対等です．企業と個人というのは，正規社員とだけでは

なく，他の多様な就業形態においても，基本的には同じです．

　企業でのキャリア・カウンセリングは，自己申告，社内公募，育成的出向，育成的プロジェクトチーム，キャリア・パス（キャリアの階段），キャリアモデル，幹部の直接面接，人材開発委員会などのプログラムなどに関わっています．これらの場面で，キャリア・カウンセリングが重要になるのです．

キャリア・カウンセリングの実践

　一人ひとりの人生の主人公は，もちろん自分自身です．また人生は，仕事と無縁ではありえない時代になっています．自分の人生の中で大きな位置を占める職業・仕事，キャリアについて，いろいろな角度から分析し，自己理解を深めたうえで，自分自身のキャリアプランをつくることが重要です．まず，自分のキャリア・ゴールを明確にし，キャリア・パスを設計するために，自分としっかりと向かい合う時間と空間が必要なのです．しかし，自分一人で考えてもよくわからないので相談したいという場合は，いつでもキャリア・カウンセリングを受けられる状況になっているのが理想的です．

　キャリア・カウンセリングとはキャリアあるいはキャリア形成を念頭に置いたカウンセリングですが，キャリア形成は個人の立場で考える場合と，組織の課題として考える場合があります．

　個人の立場で考える場合には，自分自身のために自己理解を深める作業をしたり，自己課題を形成する際に，キャリア・カウンセラーは側面援助をします．

　一方，企業・組織との関係でキャリア形成を検討する際のキャリア・カウンセリングでは，カウンセラーはキャリア形成に関する知識はもちろんのこと，企業における人事管理や人材開発の理念や知識も求められます．一人ひとりの生きがいや働きがいに企業がどう関わるかを考えます．一人ひとりの人生観や価値観，あるいは生きがいや働きがいと企業のあり方がぶつかり合うこともあります．その場合には，企業は企業のための人材育成ではなく，その人個人を大切にするために人材育成をするのです．

　現在，リストラ促進のための説得工作をキャリア・カウンセリングと呼んで

いる企業や組織があります．リストラを推進する部署を「人材開発部」と呼ぶ企業も現れており，その混乱に拍車がかかっています．この現象は，本来の企業の人材育成ではなく，非常に残念なことです．

　キャリア・カウンセリングの実践はアメリカが先行してきました．日本とアメリカでは企業を取り巻く環境，企業風土，社会通念などに違いがあり，キャリアについての考え方の違いもこれに起因しています．日本の組織において，人事システムとしてキャリア形成に取り組む際には，アメリカにおける研究や実践を大いに参考にしつつも，自分たちが何を求めようとしているのかをしっかりと把握したうえで取り組みたいものです．

女性に特化したキャリア・カウンセリング

　キャリア形成は，女性にも男性にも同じように重要なことです．その意味では性差はありません．しかし女性の仕事と人生においては，妊娠，出産をはじめ，性別役割分業に端を発するさまざまな性差別的状況が依然として根強いことは周知の事実です．その一方で，女性は自己実現や社会参加を求め続けており，その声は，ますます大きくなりつつあります．またそれを当然と評価する社会的意識が定着しつつあります．

　その結果として，女性の側における欲求不満や焦りは，攻撃的な自己主張となって，男性側の困惑や防衛を強化させるという悪循環も生じかねません．また逆に，ネガティブ（消極的）になってしまって，女性が自分の能力を発揮することをあきらめてしまっている状態もよくないことです．そこでこの状態を解決するために，女性に特化したキャリア・カウンセリングの果たす意味と役割はきわめて大きいといえます．

　女性が自分のキャリアプランを描くには，生活上のライフサイクル（家族，家庭）と，仕事上のキャリア・ライフサイクルと個人としてのライフサイクル（自分の生き方）という三つの分野の関わりで考えることが，基本です．女性のキャリア・ディベロップメント・プログラムには，アサーティブ・トレーニング（積極的自己主張）を組み込むことが効果的です．自分の気持ち，考え，欲

求を攻撃的でなくアサーティブに表現できる対人能力（アサーティブ・トレーニング）を身につけることは，キャリアの課題に立ち向かう女性のために，特に有効です．攻撃的でなく，消極的でなく，積極的な自己主張をするトレーニングと傾聴スキルと併せた，アサーティブなスキルは，女性のキャリア・カウンセリングにとって重要で，きわめて効果的なスキルです．

3 キャリアプランの流れ

マネージメント力とキャリア形成

　個人のキャリア戦略は企業の経営戦略と同じです．企業が今後どういった道を進むか，どういう方法があるかを考える時に，環境分析を行います．マクロ環境分析とミクロ環境分析を行ったうえで，これからの方向性を決めていくわけです．企業にとっての戦略はその存続にまで関わってきますが，個人にとってのキャリア戦略もその人の生き方に大きく関わってきます．個人が自分らしく自分の能力を最大限活かすためには，企業と同じように自分自身を分析して戦略を立てる必要があります．

　企業経営の場合は，外部環境分析としてまず経済・人口・社会の動きなどを分析し，次いで同一業界の状況分析から競合他社の分析へと進めます．また，内部環境分析としては自社のビジョン→自社の強み弱みの分析→経営資源の調達力などを分析します．これを個人に置き換えてみましょう．

　まず外部環境分析としては外枠は同じです．経済・人口・社会の動き→業界の状況分析→そこで働く人たちの状況分析，となります．内部環境分析としては，自分の生き方・ライフプラン→そして置かれた環境→自分のキャリアやスキル，となります．

　外部環境分析をするためには情報力や分析力を身につけ，常に幅広い範囲にアンテナを立てておく必要があります．内部環境分析については，キャリアプランをしっかり確立する必要があります．特にその時に必要とされるのが問題解決能力です．自分にとって今の課題や問題は何かを分析によって確認しない

と次に進めません.そういった外部環境分析と内部環境分析ができてこそ,自分の進むべき道が見えてくるはずです.そこで初めて,なりたい自分＝ビジョン策定ができ,次の行動計画へとつながります.

次に,それぞれの人が自分の能力を発揮するために何が必要なのか,キャリアをどう積んでいけばよいのかということを考えます.

キャリアプランの流れ

キャリアプランの流れは以下のようになります.①自分自身を分析する,②キャリアを見つめ直す,③ビジョン・ゴールを定める,④キャリアプランを立てる,⑤具体的な行動に基づいて,スキルを身につける(アクションプラン),という順序です.

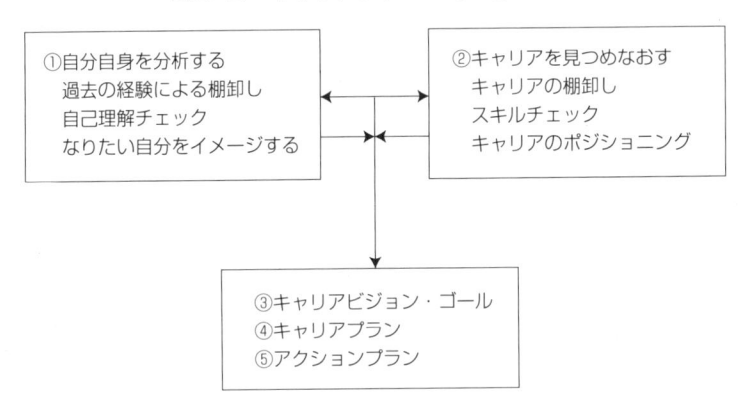

図2-2　キャリアプランの考え方の流れ

```
┌─────────────────────┐      ┌─────────────────────┐
│ ①自分自身を分析する   │      │ ②キャリアを見つめなおす │
│   過去の経験による棚卸し│◄────►│   キャリアの棚卸し    │
│   自己理解チェック    │      │   スキルチェック     │
│   なりたい自分をイメージする│      │   キャリアのポジショニング│
└─────────────────────┘      └─────────────────────┘
                │
                ▼
          ┌─────────────────────┐
          │ ③キャリアビジョン・ゴール│
          │ ④キャリアプラン      │
          │ ⑤アクションプラン    │
          └─────────────────────┘
```

キャリア形成の必要性

企業が自社の従業員に対し,業務推進に必要な能力の質的な充実を目的として実施されるカリキュラムを能力開発と呼びます.一方,一人ひとりの人生における仕事を通した目標,個人の立場に立ったキャリア形成支援に関わるカリキュラムをキャリア形成といいます.

企業内では，従業員の配置・管理と能力開発に着目したプログラムが，企業ごとに取り組みの程度の差はあるものの何らかの形で実施されています．キャリア形成の必要性は企業と個人の両方から求められています．特に日本の企業においては，1980年代後半から始まった市場の国際化や，1990年代から始まった長期不況など，企業を取り巻く環境の変化に対応すべく自社の構造転換を進めています．その転換のプロセスの中で人材への能力開発ニーズとして次のような課題が生じています．
　①経営的視点を持った社員の必要性
　②ビジネススキルのエキスパートの必要性
　③既存の業務の枠組み内ではなく，一般労働市場での価値を持ちうる社員の育成
　④能力開発プログラムの経費削減
　⑤能力開発プログラムのメニューの多様化
　従業員一人ひとりにおいても，さまざまな局面での社会的な自立の要請を受けるとともに，自分自身で人生の選択肢を拡大する可能性と責任の拡大が進んでいます．就労環境においては，企業の構造転換が進む中で，個人のキャリア形成に対するニーズが生じています．
　キャリア形成プログラムは，本人が主人公ですから，本人自らの手により自己開発プログラムの展開という形でプログラムの計画，設計，実行のすべてを行わなければなりません．それが困難なところであり，一般の人々においては計画の作業そのものも難しいところです．
　そこで本人である個人に対し，一人ひとりの個別のケースに対応するキャリア形成プログラムの設計支援と自己開発プログラムの実行支援を行うアドバイザーが求められます．この場合の支援は，本人が希望するキャリア目標が達成できる就労先を斡旋するという単純なものではなく，職業人生における自己実現目標の達成への支援という大役を担うことになります．

第3節 キャリア形成支援

1 キャリア形成の目的

人生満足感と職務満足感

　私たちは，自分の人生において，こう生きたい，こういう人生を送りたいという希望や目的を持ち，そのために目標を設定しています．この人生における計画の設定とその実行結果の積み重ねをキャリア形成と呼んでいます．一方，私たちは，社会的および人間的な成長と社会的承認を得る手段として，職業に就き仕事を行っています．この職業に就いている時間は人生の大半を占めていますし，この職業における満足度は人生における満足度にも大きく影響を与えます．

　女性と仕事研究所が2000年に実施した「人間らしい労働を目指す『職務満足感と生活満足感』に関する調査」によりますと，職務満足感と生活満足感が人生満足感に影響を与える割合では，女性も男性と全く同じような傾向を示し，職務満足感が人生全体の満足感を高めるのに大いに貢献していることがわかりました．従来女性は家庭満足感の方が人生満足感に与える影響が大きいと考えられてきたのですが，自分の人生で，職業における充実感が少なければ，決定的なマイナスになるのです．だからキャリア形成，キャリア・マネージメントは人生満足感を得る意味でも重要なのです．

　キャリア形成のために，経験を通じて得た事柄を知識とスキルに大別して評価・分析します．この知識とスキル各々について，主たる業務への知識とスキルの深さ，周辺の業務に関する知識・スキル，そして経験の深さによってキャリアそのものの評価，分析を行います．

　前述したようにキャリア形成には，企業内のキャリア形成と企業外のキャリア形成がありますが，企業内部でのキャリア形成のためのキャリアプランの作成にあたっては，従業員一人ひとりが自分の仕事における専門性と経営的な視

点を持ち，労働市場における自分の価値を高めるため，成長目標の設定と実行計画を作成するのです．だから，教育訓練・管理の視点で見ると，現在自社で設計されている教育訓練体系からはみ出したものも許容しながら，厳しい経営環境に耐えうるさまざまな人材の確保と育成を可能にするツールを活用していくことが望ましいのです．

　従業員一人ひとりのキャリアプランの作成と実施に際しては，次のような効果も期待できます．
　①自己成長の目標とその到達度のチェックによって人事考課への動機づけができる
　② OJT（on the job training）を通じた部下育成計画への反映
　③従業員一人ひとりへの細かい対応を通じた従業員全体のモラルの向上
　④キャリアプランの内容をもとにした自己申告書への反映
　など，人事・労務管理における多くの分野へ影響を与えることになります．

プログラムの展開

　キャリアプランで検討し，不足していると判断されたスキルや知識を補充するためには，キャリア形成プログラムの活用が有効です．キャリア形成プログラムは，プログラムの計画・設計・実行の各場面で，実践する個人に属します．プログラムを実行する本人が自分自身の開発プログラムを自分の手で設計するのです．これを自己開発プログラムといいます．

　自己開発プログラムの展開のためには，まず，自己認識と計画立案で明らかになった具体的な課題を解決する方法を検討します．これは多くの場合，学習という方法がとられます．書物を購入したり，通信教育やインターネットによるカリキュラムを受講したり，学校などの社外機関に出て行くこともあります．また，自己開発プログラムは目的の達成に主体性を持って展開しますので，日常業務の経験の中から課題解決のスキルを導き出すことが可能です．

マネジメント・サイクル

　キャリア形成の中でいちばん難しい事柄が，いかに経験を積み重ねて定着化させるか，という問題です．業務上求められている成長課題と個人のキャリア形成目標が一致している場合，この経験の拡充は比較的容易です．一致していない場合は，自らが目指すキャリア目標に対する意識を持ち続け，機会を見つけて，類似または擬似の体験をし続けなければなりません．この自らのキャリア目標と現在の業務目標が一致しない状況が長期に渡って継続することが想定される場合，企業内での異動を願い出ることも検討することとなるでしょうし，転職という形での別の就労先の検討もあり得ます．

　キャリア形成プログラムの展開も，一般の業務の展開と同じく，目標を立て，実行し，チェックする，そしてチェックの結果を修正行動へ反映させるという一連のサイクルを繰り返します．繰り返しの評価によって次の課題へと発展させていくのです．「P–D–C–A」(Plan–Do–Check–Action) の輪を掲げながら，自分の課題達成のために描いた計画をチェックし，新たな計画を検討することになります．

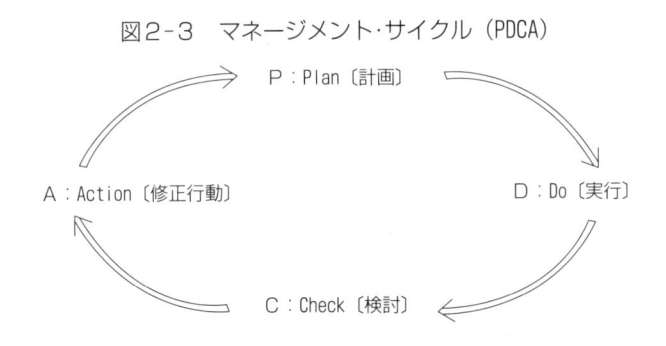

図2-3　マネジメント・サイクル（PDCA）

P：Plan〔計画〕
D：Do〔実行〕
C：Check〔検討〕
A：Action〔修正行動〕

2　キャリア形成支援の方法

企業におけるキャリア形成システム

　昨今の厳しい雇用環境の中で，雇用のミスマッチ現象が多発しています．その解消策の一つとして，教育，行政，企業が一体となったキャリア形成支援の再検討が行われています．企業がその内部制度によって実施しているキャリア形成支援の方法を検討してみます．変化する社会において，個人はもちろん，企業自らも経営活動に必要な人的資源を確保し，従業員を活用するためのキャリア形成支援策の拡充が求められるところです．企業が求める人材は，採用活動から始まり，採用した人材を育成すること，自己啓発の支援，配置管理活動などを計画的に展開することで確保されていきます．

新しいキャリア形成支援策

●自己申告

　自己申告制度は，人事考課のために行われる情報収集の一つの方法として，従業員一人ひとりの職業能力の開発や人事上の配置に関わる希望を企業側に申告する制度です．この制度には，従業員自身に自らの職務や能力を認識してもらったうえで自己啓発を考えるという機能があります．そして，企業側は，これを通じて得られた情報をもとに，従業員一人ひとりの能力開発・適正配置・動機づけなどを行います．

●社内公募

　社内公募制度は，企業が新規事業への進出などのために社内から広く人材を募集する制度です．この狙いとしては，社内の既存の配置にとらわれず意欲ある人物を発掘し，職場の士気の向上を図り社内を活性化することにあります．この制度は従業員が自ら手を挙げることにあり，自己責任による成長を促す効果をもたらします．従業員のキャリア形成支援策としては，新規事業参入時だけではなく，通常の配置にも適応できます．これは従業員にとってのキャリア形成にも合致するものであり，企業からの適正配置の機会にもなります．

●独立支援

大きく二つがあります．一つはいわゆる「のれん分け」制度です．もう一つは，中高年従業員処遇の一方策として行われる独立自営・転進コースです．一般的に，独立支援といわれる時は後者を指すことが多く，退職前の援助措置として休暇および一時金支給・貸付制度などの援助措置があります．いずれの場合でも，従業員一人ひとりが自らの職業生活を考え，キャリア形成目標を立て，それに基づき自主的に職業能力の開発・向上を図り，積極的に企業に働きかけ，この制度を利用することが必要です．企業側としては，従業員からの要望やニーズに呼応する形で，制度を進めていくことが望ましいのです．

3　能力評価基準の公開

オープンな評価制度

キャリア形成支援には，従業員一人ひとりの職業能力の評価とその開示が重要な役割を果たします．評価と開示とは，企業からの，従業員一人ひとりに対しての回答でもあるからです．従業員は，自分の職業生活設計に目標を立て，キャリア形成を自主的に進めるために，「今の自分はどのような状態にあり，今後，何をどのように行えばよいのか」と尋ねているのです．そのためには，従業員一人ひとりの評価を以下のような観点で実施することが重要です．

①オープンな評価制度

②情報提供をする

③能力開発支援の視点を持つ

また，従業員のキャリア形成支援という視点からは，従業員一人ひとりの現在の職業能力がわかり，企業側のキャリア形成計画と行動計画策定への基礎情報となります．

一般に企業では，評価の基準や結果については非公開が原則でした．しかし現在，多くの企業では能力主義や成果主義が取り入れられており，ここでは評価行為の具体性，透明性，公平性が全面に打ち出されています．各人がどのよ

うに評価されているかという評価結果を全従業員に提示するなど，公開されています．この方法では従業員の評価結果への納得性を低下させるだけではなく，各人の行動の判断において何が評価され，結果として目標を達成したと認定されるかは不明朗です．基準や結果を明確にして従業員の納得感を醸成していくことが不可欠です．個人の評価結果だけではなく目安となる他の従業員の評価結果を含め，その内容をオープンに開示し，従業員のキャリア形成の推進を行いやすくする必要があります．

評価制度の活用

　職業能力の評価結果は，現在の自分が将来目指しているキャリアの中でどの段階まで到達しているか，次に何を行えばよいか，その判断のための情報提供という役割を果たします．

　企業にとって経営活動に必要な人的資源は多様化しています．したがって教育訓練の方法も多様化しています．最近では，企業は単に訓練メニューを提示し，受講すべきプログラムは従業員一人ひとりの選択に任せるケースが増えてきています．これは，従業員自らが必要とされる能力と現在の能力を比較し，その差を埋めるために必要とされる教育訓練を選択し学習するという自己責任を伴う形態がとられ始めているからです．

4　自己啓発支援制度

　自己啓発支援制度の特徴は，従業員一人ひとりが自主的に個別のニーズごとに独自にプログラムを展開できることにあります．また，この制度の社内展開により，従業員全体の能力開発や能力向上意識の喚起と維持，継続といった一連の能力開発に関する企業風土や環境づくりをより強固なものとして下支えするものとなるのです．自己啓発支援制度には時間支援，資金支援，環境支援の三つの支援があります．また，実際の運用においては，組み合わせが可能です．

　特定期間に関して支援するものとしては，有給教育訓練休暇制度や長期教育

訓練休暇制度があります．従業員が現行の業務の専門性を深めたり，職種転換等で新たな技術等を身につけるために長期間に渡り集中的に学校や教育訓練機関に派遣されて，学習を行う場合，学習時間の勤務を企業が有給休暇として取り扱い，従業員に収入面での負荷を負わせないように配慮するものです．この収入面での保証により，従業員には制度利用期間中に学習に専念できるというメリットができます．

第4節 能力主義と女性のキャリア形成

1 女性の昇進は企業の存亡を決める

組織の変革と女性の能力発揮

　女性の昇進は企業イメージの向上などではなく，会社が生き残るための戦略である，この手のフレーズを最近ではよく見かけます．働く女性の潜在能力を最大限に引き出し，活用し，女性の昇進を推進することが，21世紀の企業の課題だというわけです．アメリカにおいても，女性の昇進をはばむものとして，社長（男性）と女性の役員とでは意見の違いが大きいのです．男性の多くは「女性は勤続年数が短い」「重要な管理職やラインの経験がない」をあげますが，女性の役員は，「女性はインフォーマルな人脈から排除されている」「男性のステレオタイプな見方と先入観が影響を与える」としており（カタリスト調査「企業のリーダーシップにおける女性」1996年），これはわが国でも全く同じ結果です．

　男女の格差を埋めていくための「女性登用に関するプログラム」などと銘打ったプログラムを散発的にいくつか行ってみたところで，会社組織の慣習に深く根ざしているものがあり，組織の変革を目指さなければ，本当の意味での女性活用は実現できないというカタリストの見解も説得力があります．いわゆる企業風土の変革ということです．女性の登用や能力発揮には，以下の順序が

図2-4 女性の昇進を阻むもの

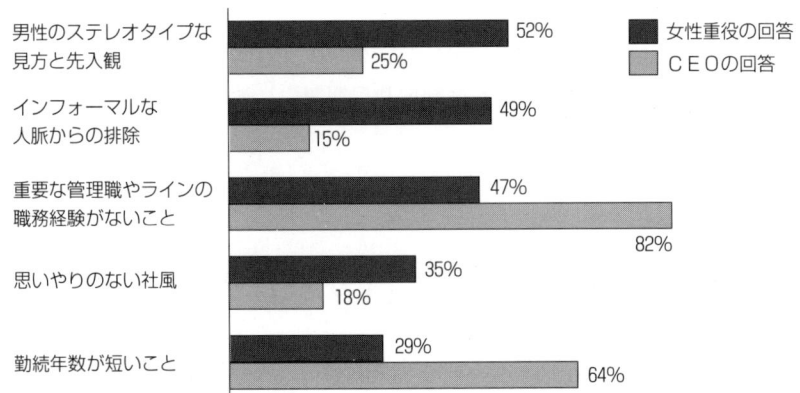

女性重役に回答の多かった順

項目	女性重役の回答	CEOの回答
男性のステレオタイプな見方と先入観	52%	25%
インフォーマルな人脈からの排除	49%	15%
重要な管理職やラインの職務経験がないこと	47%	82%
思いやりのない社風	35%	18%
勤続年数が短いこと	29%	64%

出所）キャタリスト著・神立景子訳『女性に開かれた雇用モデル』㈱ピアソン・エデュケーション，1999年．

必要です．

第1レベル 《会社》が基礎固めをする

《会社》が，女性が働く環境インフラを整備することです．企業トップがリーダーシップをとり，女性の登用という全社あげてのポリシーを徹底し，強力な基礎固めをし，女性社員のキャリアの障害となるものや雇用機会についての情報を集め，現状をしっかりと把握し，次いで，問題解決の方法や評価システムを開発し実行することです．

そのために土台となる二つのプログラムがあります．一つはリーダーシップ能力開発プログラムであり，もう一つは，仕事と生活を両立させるプログラムです．

第2レベル 《上司》がメンターになる

《上司》が，個別の女性部下の事情に対応しつつ，指導・教育を図ることです．女性社員の能力を最大限引き出し活用することは，上司とメンターの力に

かかっています．多くの活躍している女性社員の話を聞くと，必ずそのかげに，優れた指導者・管理者がいるという事実が浮かんできます．上司がメンターとなり意識的に女性を育成・活用するという目的を明確にした意識的行動が重要と言えます．

第3レベル　《女性自身》がリーダーシップトレーニング

《女性自身》が，自分の仕事に対するスタンスを明確にすることです．この厳しいコスト削減の時代には，皆一様に高付加価値のパフォーマンスが要求されます．女性の役割がただの雑用係では，会社にとって必要な人材とはいえません．女性自身の自覚も当然必要であり，自分の仕事を厳しい目で見直さなければなりません．

企業と管理職にも，女性活用についての男性管理職の研修を行うなど，自覚的な行動が必要です．研修の目的を「女性の登用のために」と，明確にした方がいいでしょう．女性社員の異動，会議への出席，発言の機会，役職登用など，具体的な課題をあらかじめ持って参加するように計画することが必要です．このプログラムではできるだけ社内のアンケートなどに基づき，そこから出てきた課題を研修につくりあげることが効果的です．女性社員に雑用をさせておくなどというのは，いまどき問題外です．自分の雑用は基本的に自分で片づければよいことで，それをわざわざ人に頼む理由はありません．どうしても手が足りなければ，その時に手のあいている人がやればいいことで，ことさら女性がする必要は全くないはずです．

そうして出てきた女性登用の成功例を広く企業に紹介し，それが女性にとっても，組織にとってもよいことだと理解してもらう啓発活動が重要です．女性活用の理念の追求ではなく，高い利益を出すことと女性の昇進が一致することを繰り返し広報しなければならないのです．

育児・介護の社会システムは社会・企業持続の鍵

育児・介護を社会システム（設備・人材の効率的利用）で行うよう基盤を整え，年金や医療に対する保険料，税金はみんなで払って支える方式にしなければ，

これからの社会は成り立っていきません．少子化の進行に伴い，家族介護は，家族の崩壊をもたらすほどに深刻化しているのが現状です．

　また，結婚しても子どもを持っても女性が働き続けることは，企業にとっては経営の追求，社員にとっては，仕事へのこだわり，という双方の立場を両立させる道といえます．企業においては，従来"妻も含めた大勢の扶養家族を抱えた世帯主"という考えが基本であった人事政策から，純粋に企業経営的判断で，雇用や，評価を行うことになり，また労働の平均化により過労死問題を防止するなどの効果も見込めます．互いに同等な立場で家族を支え合っていけることから，女性の生き方と同様に男性の生き方も多様化させる時代を迎えています．

2　女性のキャリア形成プランニング

女性の能力発揮プランニングの手順10項目

1) 女性を積極的に活用していく方針を，全社に発表する．
内容的には，職域の拡大（具体的な職種を名指して，その職種へのチャレンジを促す），管理者への登用を進めることを明記し，できるだけ早期に実現することを，○年後というように，具体的に示す．
2) 全社のマンパワー・プランを作成する．何人の女性をどこに就けるかをプランする．現状の女性人材リスト（職種別，入社年度別）を作成し，実現可能な人数目標値を設定する．不足の場合，次年度以降の採用計画に反映させる．
3) 部門の育成プランを集め，総計との差をチェックし，調整する．（許容範囲であれば，実績を見守る．少なすぎるようであれば，推進を働きかける．）
4) 育成のための新設研修コースの設立とメンターを育成する．
5) 担当は，インタビューにより社員のキャリア希望を聞き，キャリア・インタビュー・シートを作成する．社内にどのような業務・職種があるの

か，組織の特徴をよく理解できるように説明する．

6）キャリア・インタビュー・シートをベースに，全社の人材調達・育成・配置計画であるマンパワー・プランを参照のうえ，社員の性格・資質を考慮しながら，キャリアプラン・シートを作成する．特に長期目標とそれへのステップとしての年度目標を，できるだけ具体的に決める．

7）キャリアプランに沿った年度の研修プラン，業務プランを作成する（育成計画・実績評価シートを作成）．キャリアプランの短期目標（2年後位）を対象に，職務記述書を参考に，スキル取得計画（研修コース，OJT，自己研修）と業務の与え方を社員とよく話し合い，合意のうえで立案することが重要．

8）年度途中で，プランの振り返りを行う．達成が危ぶまれる時は，社員と一緒に障害は何かを追求し（まず「社員に作らせてみる」，などはそれ自体が育成訓練の一つである），その障害を除くための方策を立て，達成に力を貸す．

9）年度の業績評価には，育成プランの達成度も加える．これにより，社員もしっかり育成されていることの認識と，期待されていることの実感を得，さらに自ら成長することへの意欲が喚起される．

10）"Plan – Do – Check – Action" のサイクルを確立する．
メンターが責任を持って，上記のサイクルを回し，実効あるものにしていく．部署変更等で，やむを得ずメンターを交替する場合には，新旧メンターは，記録と共に充分な情報を交換せねばならない（第3章第4節にて詳述）．

数値目標を設定して

全社の女性活用プランとしては，会社の最もほしいスキル分野へ女性社員を育成すること，そして管理者へも積極的に登用することを，いつまでに何人，と具体的に目標設定しなければなりません．

女性活用方針や女性のキャリア形成支援プログラムは，もちろん，企業とし

て整備していくのが順序ではありますが，それがないといって，女性を育成・活用できないということでは決してありません．いつの世にも，どんな障害があっても，突破していく傑出した人材がいるように，制度として決まっていなくても，また大方の管理者意識が旧態依然であっても，それをはねのけ，実力を発揮する人たちがいるものです．彼女たちの前には，"例外のない規則はない"のです．

しかし，こと"女性の活用"に関しては，もはやそういう，1，2割の傑出した女性のみが活躍する時代ではなく，残りの6～8割の普通の女性が力を出しきって会社に貢献し，自身もそれに見合った評価をされねばならない時期にきています．そして，それを手引きし，支援するのがメンターです．

3 メンタリングとマネージメント

メンタリングとは

メンタリングとは「経験豊かな人（メンター）がまだ未熟な人（プロテジェ）に対して一定期間継続的に行うキャリア的，心理・社会的な支援」を表す言葉です．すでにアメリカでは90％以上の企業が何らかのメンタリング・プログラムを導入しており，女性の登用促進の一環としても大きな役割を担うものとして注目されています．

メンターは，ギリシャの叙事詩「オデュッセイア」に登場する「メントール」という人の名前に由来します．オデュッセウス王の息子のテレマコスという若者を立派な青年に育て上げた賢者の名前です．古来，そういった賢者，知識人，あるいは後見人，先生，お師匠さんが若者を育てていくことを，「あの人にはメンターがいる」とか，「あの人はメンタリングを受けている」というのです．

基本的には「成熟した人が未熟な人に，非常に密接に関係を保ちながら，その人の成長を支援する」ことをメンタリングといいます．カウンセリングやコーチングで，積極的傾聴法などの技法がありますが，メンタリングは技法の

一つではないのです．メンタリングでいちばん大事なのは，「関係性」なのであり，一人の成熟した大人（メンター）を，若者（プロテジェあるいはメンティ）が信頼して「ああ，この人なら」とか，「この人のようになりたい」と思うことから始まります．逆にメンターの方も，「この人は見込みがある，伸びてほしいな」と思って支援する，このような信頼関係から始まるのです．コーチングやカウンセリングでも信頼関係は重要ですが，メンタリングは「関係性」こそが基本です．だから手法ではないのです．

ただ，関係性といっても，実際のメンタリングでは，コーチング的なことも，カウンセリング的なこともやります．それも素人がやるのです．例えば設計士だったら，先輩が後輩の設計技術を鍛える場合，先輩がメンターとなるわけです．ただコーチングやカウンセリングのスキルを持っていれば，さらに効果的に違いありません．

日本でメンタリングが企業に導入されたのは，15年〜20年ぐらい前のことです．外資系の企業が日本に入ってきて，メンタリングという言葉を使って部下のトレーニングを始めました．しかし，実際のところは日本の企業でも，これに近いことはやってきているのです．指導員制度，OJT（on the job-training）プログラムなどはメンタリングに近いものです．

雇用形態の変化とメンタリング

今，このメンタリング制度がとても大事だといわれています．従来は終身雇用や年功序列で，会社に入ったら30年〜40年の長きにわたって同じ企業で仕事をするのですから，その間，先輩が後輩の面倒を見るのは当然でした．そうでなければ日々の仕事もできませんし，技術や技能の継承はできないということになります．ところが現在では，中途採用も増加していますし，新入社員でも3年ぐらいで，半数から3分の1が退職するという時代です．またコアになる正社員以外の就業形態もパートや派遣社員，その他の臨時的な働き方が増えています．このような状況では，長いスパンでどう従業員を育てていくのかは課題の多いところです．その際，技術や技能の継承や日々の仕事をスムーズにで

きるようにするために，研修が重要になるのですが，階層別研修はなかなかできず，結局は，現場で教えていくことになります．そこでメンタリングが重要になってくるのです．

　アメリカでもメンタリングが注目されるようになるのは，1970年代になってからです．専門職，軍人，大学教授の40人にインタビュー調査をした結果，その人たちがキャリアを歩んでいくうえでキーになる人がいるということがわかったのです．そのキーマンがメンターと呼ばれる人で，若い時にメンターを見つけるか見つけないかでその後の人生がずいぶん違うのです．またメンターに学んだ人が，40歳ぐらいになると，自分もまたメンターになっていくということがわかりました．メンターになれるかなれないかでは，人生の充実度がずいぶん違うということにもなります．

　その後，メンタリングを普及させる機運の高まりとともにいろいろなメンタリング研究が始まりました．例えば，アメリカ企業のトップ，フォーチュン500社にいる，いわゆるエグゼクティブと呼ばれる人たちも，インタビューしてみると結構メンターに恵まれていたといいます．メンタリングの機能を，「キャリア的機能」と「心理・社会的機能」とに分類して整理しています．

企業におけるメンターの役割

　メンターは特定の社員の育成に責任を持つことが役割です．管理者が兼ねる場合もありますが，特定の数人を受け持つ育成の専門家を設定することは，非常に効果があります．

　女性活用の姿勢や，研修制度の整備，公正な処遇制度の整備は，企業の制度仕組みの問題なのですが，メンターに対して育成対象社員は，主に"個人対個人"で接することになるので，制度がなくても，育成効果を上げることは，かなりのところまで可能です．

メンターと管理職の違い

　女性の活用を進めようとする時に管理職のあり方が問題になります．管理職

とは，自分のみならず，部下の能力を最大限に発揮させることにあります．それにはまず，自分自身が，自立型人材として行動し，部下に対してもその自発性をフルに発揮させ，全力でものごとに取りかかれるような支援ができることです．このような役割を担う管理職を「メンター」と呼びますが，女性の能力開発が課題となるためには，管理職が管理の方法を修得するのではなく，女性も含めた部下を励まし，支援することにより，部下の自発性を引き出せるかどうかにあるということです．自発的な相手（部下）の意思に基づいた行動を励まし，成果に対してはともに喜び，感動できる男性管理職が，女性の活用を推進できるのです．女性活用のポリシーをもつ管理職は，メンターです．

第5節 女性の昇進は企業が生き残るための戦略

「女性の昇進は企業イメージの向上などではなく，会社が生き残るための戦略である」このフレーズは，カタリストが1998年に出版した「Advancing women in Business The Catalyst Guide ; Best Practices from the Corporate Leaders」に何度も繰り返し出てきます．『女性に開かれた雇用モデル・米国トップ企業のベスト・プラクティス』というタイトルで邦訳もされています．

カタリストは，女性活用の理念を追求するのではなく，企業が高い利益を出すことと女性の昇進が一致することを繰り返し強調しています．だからベスト・プラクティス（実践報告集）を提出することが主たる目的なのです．

カタリストが各企業に行っている女性活用の三つのアドバイスを紹介します．第一は，企業トップがリーダーシップをとり，影響力のある上層部が，「男女平等」を仕事として改革の指揮をとること．第二に女性の昇進の障害や職域拡大についての情報を集め，事実をしっかりとつきとめ，社内からも社外からも明確な判断基準を作ること．第三に問題解決の方法や評価システムを開発・実行し，責任の所在と進捗状況を測る方法を組み込むことといっています．そのためのプログラムは二つあります．一つはリーダーシップ能力開発プログラム

で，業績評価制度やメンタリング，女性のネットワーク支援を含みます．もう一つは，仕事と生活を両立させるプログラムです．

この三つのアドバイスに適した代表的なベスト・プラクティス社として，1995年にカタリスト賞を受賞したデロイト＆トウシュ社（会計監査・税務・会計・経営コンサルティング社）の「女性社員の確保と昇進」は，①リーダーシップ計画を立てる，②男女とも同僚であるという考えを進める，③女性に仕事のチャンスを広げる，④仕事と私生活の両立のために多方面で支援する，⑤事業計画と人事計画の目標を設定し，責任の所在を明らかにする，⑥社内外に対して計画の活動と方針変更を知らせる，という六つの項目からなっています．

カタリストの調査によると，女性の昇進をはばむものとして，社長（男性）と女性の役員とでは意見は大きく違っています．男性の多くは「女性は勤続年数が短い」「重要な管理職やラインの経験がない」ということをあげますが，女性の役員は，「女性はインフォーマルな人脈から排除されている」「男性のステレオタイプな見方と先入観が影響を与える」（「企業のリーダーシップにおける女性の調査」1996年）をあげています．これは日本でも同じ傾向です．この格差を埋めていくのに，「女性のプログラム」などと銘打ったものを散発的にやってみても，会社組織の慣習に深く根ざしているものが残存する限り，組織の変革を目指さなければ，本当の意味での女性活用は実現できないということになります．「短期的には行動様式を変えることに集中すべきであり，かつ長期的に取り組むことが重要である」と繰り返しいっています．

また，女性の昇進を促進するための手段として「ベンチマーキングが重要な役割を果たす」ともいっています．ベンチマーキングとは，企業の価値観をつくり，企業の評価基準になるものです．企業文化の土台にもなり，職場環境の一側面でもあります．

企業の評価を歴史的に見ますと，その製品や生産工程が評価の対象だった時期もあり，顧客満足度から評価されることもありました．しかし最近になって企業は，「社員は製品を作り出す必要経費」という発想ではなく，「利益の源」

という考えを持つようになってきました．つまり，人事管理の結果の評価方法が，米国企業のベンチマーキング活動をリードするようになってきており，人材の多様化とその成果の評価方法についての関心が高まっているのです．社員という中に女性がきっちり入っていると評価が高くなるのは当然です．

　男女平等や女性の昇進を評価する目的は，一つには会社の業績を上げるために他社に先駆けて多様な人材を採用・確保し，能力開発することであり，二つ目は，社員に平等にチャレンジする機会を与えて会社に貢献してもらいつつ成功を促すことにあります．社員一人ひとりの仕事の満足度，将来の昇進への展望，組織の一員としてやる気を持っているかなどの質的な側面も，企業の評価に考慮されるのです．

第2章 ワークシート

①キャリアの棚卸しシート

When 年月	Where 所属	What 職務内容	How どのように	好き 好きでない	自分が得た成果	自分が取得した能力

©女性と仕事研究所

②スキルチェックシート

できていない：1　あまりできていない：2　ややできている：3
ほぼできている：4　できている：5　として○をつけてください

		項目	点数					合計点	平均点
テクニカルスキル		1 パソコン活用力	1	2	3	4	5		
		2 企画プレゼン力	1	2	3	4	5		
		3 財務・経理 or 英語力	1	2	3	4	5		
ヒューマンスキル	社会性	協調性	1	2	3	4	5	/ 25	
		傾聴能力	1	2	3	4	5		
		交渉能力	1	2	3	4	5		
		渉外能力	1	2	3	4	5		
		動機づけ	1	2	3	4	5		
	情操性	感情抑止力	1	2	3	4	5	/ 20	
		忍耐力	1	2	3	4	5		
		責任感	1	2	3	4	5		
		柔軟力	1	2	3	4	5		
コンセプチュアルスキル	創造性	独創力	1	2	3	4	5	/ 30	
		発想力	1	2	3	4	5		
		先見性	1	2	3	4	5		
		判断力	1	2	3	4	5		
		企画力	1	2	3	4	5		
		計画力	1	2	3	4	5		
	分析実行力	経営管理力	1	2	3	4	5	/ 30	
		論理的思考力	1	2	3	4	5		
		要求分析力	1	2	3	4	5		
		課題達成力	1	2	3	4	5		
		変化認識力	1	2	3	4	5		
		統率力	1	2	3	4	5		
	情報力	表現力	1	2	3	4	5	/ 15	
		説得力	1	2	3	4	5		
		情報収集・伝達力	1	2	3	4	5		

©女性と仕事研究所

③スキルの棚卸しチャート図

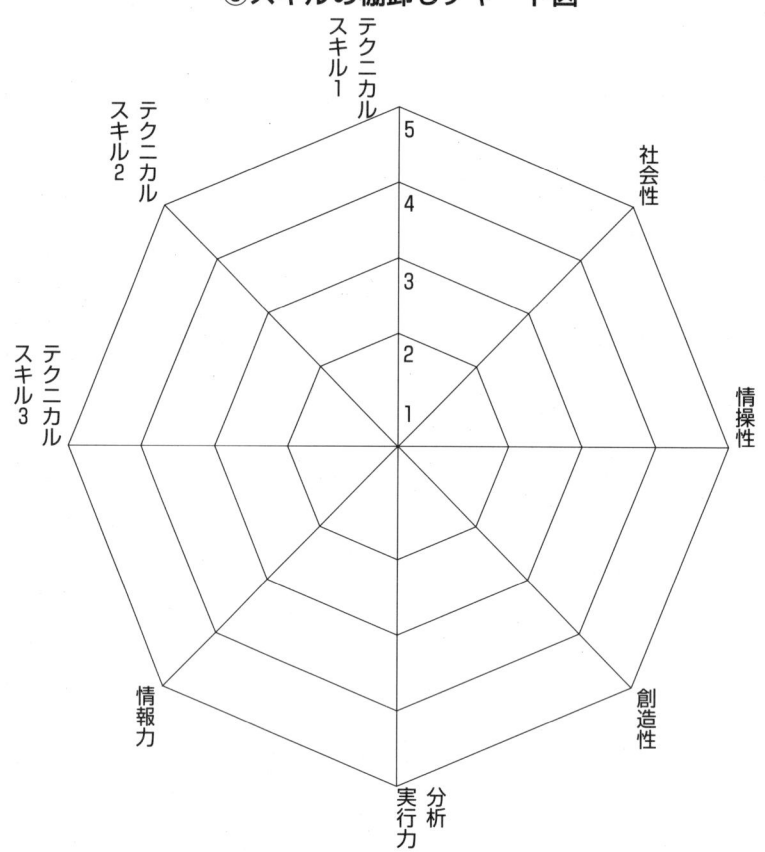

(レーダーチャート：テクニカルスキル1、テクニカルスキル2、テクニカルスキル3、情報力、実行力、分析力、創造性、情操性、社会性／目盛1〜5)

基本的スキルの説明

テクニカルスキル	いわゆる定型業務能力のことをいいます．職務に関する専門知識や語学力，事務処理能力など，正確性や迅速性が求められます．
ヒューマンスキル	いわゆる対人関係能力のことをいいます．接客，営業，リーダーシップ，コミュニケーション能力など，相手のニーズや状況に対処できることが求められます．
コンセプチュアルスキル	物事を大局的に読み取る能力，「考える力」をいいます．問題解決能力，状況判断力，洞察力，戦略立案能力など論理的・体系的に把握できることが求められます．

©女性と仕事研究所

④キャリアの強弱分析シート

		強み	弱み	伸ばしたいスキルなど
テクニカルスキル	1			
	2			
	3			
ヒューマンスキル	社会性			
	情操性			
コンセプチュアルスキル	創造性			
	分析実行力			
	情報力			

Ⓒ女性と仕事研究所

第 3 章

組織を変える
ジェンダー・マネージメント

「ジェンダー」が組み込まれた経営組織は，人的資源としての女性の能力を開発しないままに眠らせているということです．どうしたら女性の力が開花するでしょうか．経営組織に男女の格差をもたらすのは「数」であり，その「数」のあり方を改善しようというカンター理論が，1980年代のアメリカのアファーマティブ（ポジティブ）・アクション政策の理論的背景になりました．彼女（ロザベス・モス・カンター教授）は改善方法として，30％という数のバランスを取ることを提案しました．「黄金の３割」とか，「後戻りのきかない30％」といいます．わが国においても，チャレンジ支援政策で，2020年までにあらゆる分野で管理的地位にある女性を30％にしようという提案がなされています．

　女性の管理職が大幅に増えたアメリカでは，女性が無理をして男性的なリーダーシップのまねをしなくても，自分らしい管理職でいいではないかといわれだし，「フェミニン・リーダーシップ」という言葉が生まれました．

　女性が企業で活躍するために「セクシャル・ハラスメント」が横行する風土は，絶対に困りものです．改正均等法の成立で，企業はセクハラのない職場にするという配慮義務を負うことになりました．職場における女性と男性，男性管理職と女性社員とのコミュニケーションのまずさから出現することでもあります．

第1節 ジェンダーにとらわれない経営組織

1 経営組織における「ジェンダー」の持つ意味

人的資源としての女性

　グローバル化の進展やITの飛躍的な進歩などに伴い，企業を取り巻く環境の変化は予測しがたく，また複雑になっています．そんな外的環境の変化の下で，21世紀における競争力の源泉となる人的資源は，女性です．従来の経営組織に存在した女性が力を発揮できない仕組みや風土を是正し，経営組織の中に男女の格差を生じさせないメカニズムをどのように作り出し，それをどう定着させていくかが課題なのです．それは従来の経営組織の弊害を深く理解し，枠組みを変革するということから始まります．

　女性の企業への進出比率は，半数とはいかないにしても，4割を越えています．共働き夫婦の増加や，産業構造のサービス化で，経営組織が女性を求める傾向はまだまだ続きそうです．しかし，経営組織で働く男女の役割，働き方，キャリアの展望には違いがあり，格差があり，このままでは，女性が経営組織の中でパワーを発揮し得ないのです．ジェンダー（社会的，文化的につくられる性）は，あらゆる分野（家族・地域・経済など）で，男女の格差の根源をなしており，経営の分野でもそれは同じことです．いずれの分野でも男女の格差を是正することが課題となっていますが，経営の分野での格差是正，女性のパワーの発揮も緊急の課題となっているのです．女性がパワーを発揮できるよう，経営組織の「ジェンダー格差」を改変していくことが課題です．

　組織と個人の関係は，お互いに双方向的であり，共鳴し合う関係であり，経営組織が，単に働くための場を提供するという経済的要求の問題だけではなく，個人から見た時には，働く場で，自分が成長できていることを実感できることや楽しいと感じられること，そしてその感じたことを仲間とともに共有できることによって，その場でエネルギーが醸成され，組織全体を活性化させていく

ものなのです．その共同作業から女性がはずれてしまっていることを是正しようということなのです．

組織の慣性を取り除く

　女性を活用していない組織では，女性を排除した組織の常識がそれなりにできあがり，それを変化させることはなかなか難しいのです．つまり組織の慣性が働くのです．女性が活用されていない組織では，男性・管理職の女性に対する差別や偏見が生まれます．これはセクハラの温床をつくるということでもあります．「女性はやる気がない」「女性は仕事への意欲が低い」（だから昇給・昇格は無理なのだ），「女性は結婚ですぐ辞めるから」（続かない女性を人材の対象にしない方がよい），などという偏見の常識の方が一般的になってしまいます．女性に対する組織の常識は，採用から始まって，育成，登用，退職（離職）などのすべての場面で，女性のそれぞれの行動が偏見規範と合体し，強化され，女性に対する先入観となって増幅してしまいます．

　そうなると「やる気があり」「仕事への意欲の高い」「結婚で辞めるつもりのない」女性に，仕事のチャンスを与えないことも常識になってしまいます．この常識は覆すのには多大のエネルギーが必要ですし，一つ一つの現象を常識に合致するかどうか検証することが必要だということでは，それは常識ではありませんから，組織の慣性は，いつの間にか深く広く安泰に企業風土にまで定着してしまいます．そこでは仕事という組織の共同作業から女性を排除してしまっていることに気づくことすらできなくなってしまいます．

2　経営組織に男女間格差をもたらす「数」の問題

数字の基準は30％

　経営組織における男女の格差がもたらされる原因を探ると，結局，それは「数」の問題であるということが明らかになってきたのです．数といっても例えば，デパートなどの職場は女性が圧倒的に多いのですが，組織としては，男

性優位になってしまっていることが多くあります．それは，下位職階に女性が多くても，上位職階で権限や責任をもつ女性の数が極めて少ないという場合には，やはり男性優位組織になってしまうのです．

上位職階の意志決定を行うところに女性がどのくらいの比率で占めているかということが重要なのです．組織における女性の数と権限，およびその機会が有力なジェンダーを規定する要因であるというのです．

ある集団が一定の多数の割合を占めるマジョリティになるとその集団は「ウチ」意識を持つようになり，他のマイノリティ集団を「ソト」にいる対象としてよそ者扱いをするようになります．その結果，マイノリティに所属する者は，疎外感を感じ，差別意識を感じるようになり，発言は少数になり，自らの自信もなくなってきます．このような組織におけるジェンダーの現象が現れる数字の基準は，一方の集団が全体の3分の1以下の場合に起こるのです．この30％という数字は，「黄金の3割」等ともいわれていて，組織を活性化させる際に極めて重要な数字なのです．

理論的支柱としての「カンターモデル」

組織を活性化させるには，マイノリティの占める割合が30％以上必要であるという現象を理論化した「カンター理論」は，ロザベス・モス・カンター（Rosabeth Moss Kanter）ハーバードビジネススクール教授が，企業のコンサルタントをした経験を実証した理論なのです．1970年代の実践的研究結果を踏まえて，「組織の中の男女の不平等は，組織の数の違いから生じている」として，上層部に抜擢された女性が成功しなかったり，女性の管理職が増えない現象（ガラスの天井）の説明として注目されたものです．

1970年代の公民権運動やフェミニズム運動によって，有色人種や女性は，従来入り込めなかった職場や教育の分野に「初の○○」として現れるようになりましたが，それ以降，期待されるような少数派の増加は，特に企業の上層部には見られませんでした．

カンターは，組織の少数派として働く時に誰もが感じる圧力は，属性の違う

集団同士が組織で働く時に起こる三つの視覚的作用（「可視性」「対照性」「同化」）が，組織内の他の力関係と結びつくために起こると説明しました．この圧力は，少数派の行動や態度に影響を与えたり，多数派が少数派を評価する時に影響し，結果として少数派に不利に働くのです．

ポジティブ・アクションへの道

組織の活性化は，男女の人数の平等を積極的にはかることから得られるという「カンター理論」は，「人は置かれた状況の特徴が行動を作る」ということであり，状況を規定しているものが人の行動の仕方を決めるということです．この「規定するもの」が，機会，権力，数なのです．機会の構造が権力の構造につながり，数の効果がさらにこの構造の中での人の行動に影響を与えるというのです．「人は同じ状況に置かれると男性も女性も同じ行動や態度を示す」し，男女の数の比率の不均衡は，多くのプレッシャーを少数派である「トークン」（多数「ドミナント」ではなく，発言しにくい限定的な存在）に与え，男性でも女性でも少数派に属する方に不利になるので，外部からの介入によって人数の平等を積極的にはからねばならないのです．

このカンター理論は，ポジティブ・アクション（1980年代のアメリカでのアファーマティブ・アクション政策）の理論的背景になっています．まず数を増やすことが「平等への究極のゴール」なのです．

3　組織の枠組みをニュートラルに

男性は「会社人間」的企業風土をつくる

従来の日本的人事労務管理では，主に男性社員が基幹従業員として雇用され，入社から定年までその身分が保証されていました．そして女性よりも高額の賃金を受け取り，年功順に重要な役職に就き，企業にとって中心となる人材群でした．さらに，男性社員は長期間にわたって組織に属し続けるので，企業の組織文化を醸成していく役目も果たしていました．そのため各企業では，組織文

化こそ社風によって企業ごとに違いがあるものの，その本質は伝統的な男性中心の価値観，考え方，行動様式になってしまっており，枠組みはニュートラル（性のこだわりがない；Neutral）なものではありませんでした．男性は仕事一途の「会社人間」となっていきます．ここでは男性ジェンダー意識は，企業組織・職場と非常に近い位置にあったといえます．

　一方で女性社員は，少数の総合職を除いて大部分が，サラリーマンの男性と結婚して，30代前に結婚退職していきました．したがって企業文化を構成する存在ではありませんでした．そして家庭生活のほとんどを担いながら，地域社会へはボランティア活動などを通じて貢献していました．女性のジェンダー意識は家庭，地域社会と非常に近い位置にあったといえます．ただし，会社に残り続ける女性もいたわけです．雇用機会均等法の保護の下で，結婚を顧みずに，男性の白い目を気にしながら，ひたすらキャリアアップを目指し続けた女性でした．しかし少数派の女性たちは，組織の枠組みをつくる存在にはなりえませんでした．

　そして，21世紀を迎えました．今や従来の日本的人事労務管理制度は，グローバルスタンダードの波と長期不況の下で崩壊しつつあります．そうした時代の推移の中で，新しい価値観を持った若い世代が企業の人材として登場しています．彼らは男女のジェンダー意識が希薄で，性にとらわれない日常生活，ニュートラルな生き方が自然にできる人々なのです．

ニュートラルな若い層は企業風土に葛藤

　ニュートラルな若い層は，企業の中でも取り巻く環境を少しずつ変化させつつあります．男性社員だからといって，それが企業組織の終身社員となりうる保証はなくなりました．総合職でいれば，女性社員だからといって結婚退職する必要はありません．女性のほうが職階が高くなり収入も多くなれば，彼女の夫が家庭に入って専業主夫となることもありえます．ただし，ニュートラルな意識を持つ若い世代が現在の企業組織に大いに期待を持っているかというと，日本の企業に可能性が少ないなら，彼らは見切りをつけて平然と海外の企業へ

と離脱していくこともあるでしょう．それは人材の流出であり損失です．したがって今必要なことは，性別やジェンダー意識のつくられた組織の枠組みを見直し，伝統である日本的人事労務管理制度を改め，保守的な発想を捨て，性別で違いのない，ニュートラルな人事労務システムに変化させていくことなのです．

　組織の枠組みがニュートラルであるというのは，結果的に「性差によって仕事をし，働くうえでの基準や指導方法に違いがないこと」です．

　例えば，「やる気のある女性が，『女性は結婚ですぐにやめるから』という理由で仕事のチャンスを得られていないのではないか」「経験不足でチャンスが与えられていないために，女性の仕事に対する認識が甘いとしたらどうか」「男性中心の組織文化に女性が馴染めないで，心理的圧迫感があるとしたらどうか」といったことを，まず問題として取り上げることです．

　ある組織のメカニズムがいったん定着すると，変化を遂げることがなかなか困難となります．そして，「女性は仕事への意欲が低い」，「女性は根性がないからすぐやめる」とか，「女性の管理職は育たない」といった組織側の見方と，「女性を差別したガラスの天井がある」，「女性は期待されていないために組織内のキャリア展開を見越した処遇や能力開発が行われていない」といった従業員側（この場合女性）の不信感が交錯し，いたちごっこの水掛け論があるだけで変化がもたらされてこないことになります．また，なかなかはかどらないと，従業員・企業側の双方にストレスが増幅します．

　いずれにしても，女性が活用されていない組織では男性の女性に対する偏見や差別が生まれ，やがてそれが公然化するようになってセクハラなどの温床にもなります．そして採用や離職によって組織を揺り起こす行為の循環と積み重ねにより，ジェンダーに関わる規範が強化され，女性に対する先入観が増幅し当然視されることによって，組織に定着していくのです．そうしたプロセスの中では女性が企業の戦力として認知されず，また女性の側にもキャリアモデルが生まれないために，組織と個人の両者の信頼関係が成立しなくなります．このジェンダーが生み出される循環が断ち切られているかそうでないかが，ジェンダー問題を解決するためのポイントとなります．

仕事に達成感が得られる組織

　組織と個人の関係は，組織が個人に単に働くための場を提供するという実利的な意味のみならず，職場の人間が「楽しさ」や「喜び」をかみしめながら仲間と良好な関係を築き，そこで仕事の面白さ，やりがいや働きがい，その結果としての達成感を得る中で自己実現が感じられるようにすることにあります．企業が従業員に活力を与えることで，仕事への意欲や組織への責任感を高め，その活力を企業戦略に活かせるように方向づけることによって，その企業のために貢献してもらえるようになります．本質的な企業の存在理由の一つは，ここにあります．主体的で創造的な仕事がそのまま組織への貢献につながると，個人にとって組織は自己実現の場としての位置づけになるはずです．そのためには職場や組織全体の活性化が必要ですが，営利企業では特に，本来あってはならないはずの男女間格差が著しいのです．

　公式的な制度による支援のみならず，非公式な心理的側面も含めていかに誘

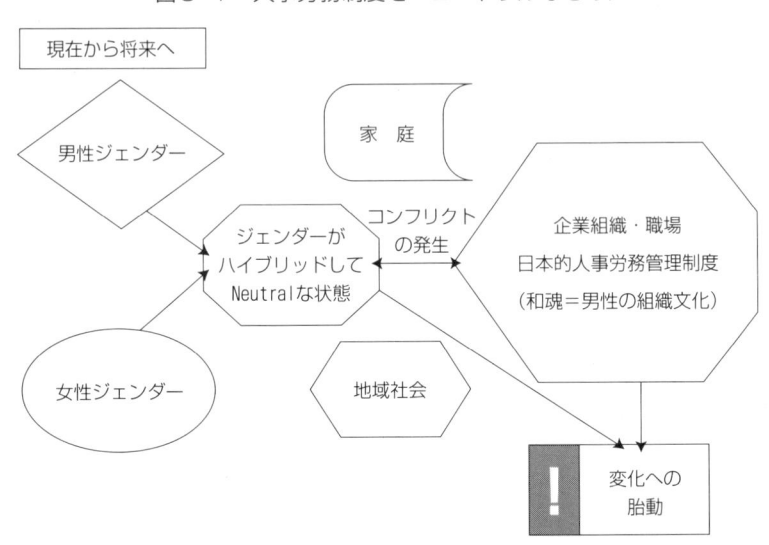

図3-1　人事労務制度をニュートラルなものに

出所）佐野・嶋根・志野編著『ジェンダー・マネジメント』東洋経済新報社，2001年.

因を与え，女性を動機づけていくかが，ジェンダー問題の解決法となります．また，そのうえで女性を人的資源管理戦略に組み込み，戦略を規定するビジョンに基づいて人材教育を行っていくことが求められているのです．

第2節　人材育成とリーダーシップ

1　ボーダーレス時代のリーダーシップ

集団より「個」の確立のためのリーダーシップ

　インターネットの爆発的な普及をあげるまでもなく，ビジネスの様相も急速に変化しています．国境を越えた取引や情報流通が，法規制が追いつかないうちに実現してしまう世の中です．国内，あるいは企業内でのやり方も，国際的な常識やルールに反すれば，厳しく批判される地球レベルの国際化の時代になってきました．また，集団より「個」の確立という時代的な流れもあります．企業という「集団」に忠誠を尽くして，わが身をゆだねるという社員は少数派となりました．「個」の時代といわれる現在では，社員一人ひとりを，職場で能力を発揮させながら，自己充足感が達成されるように指導していくことがリーダーの役割になってきています．

　この時代にあって，リーダーは，従来の部下を従わせる「管理者」ではなく，女性も含めた部下全部を納得ずくで，リードできる人物です．上から下への権威主義的職場ではなく横並びの個性を持った社員によるビジネスのボーダーレス時代に対応できるリーダーです．ボーダーレス化は男性と女性の職場関係においても起こっています．女性がいきいき働き，男性と同等のチャンスを持ち，実際にも実績を上げ高い地位につく女性の実例が多くあります．そんな企業が「CHANGE」企業であり，これからの時代を生き残れる企業であるといって過言ではありません．新しい時代に即応したリーダーシップの育成が求められています．

新しいリーダーシップ概念

「フェミニン・リーダーシップ」という言葉は，1980年代からアメリカのビジネス界で女性の管理職が大幅な増加したことに伴い使われ始めました．これは，女性管理職は性別役割としての「女性性」を使うという意味ではなく，従来の男性が中心になっている企業社会での偏向を是正するために主張された概念です．

女性管理職がアメリカのビジネス界で成功し成長し続けるために，従来の男性イメージで形作られたリーダーのイメージを，女性は女性のままで，自分流のリーダーでいいのではないかという，一種の開き直りにも似た女性管理職たちから出てきた自分たち流リーダー実践手法でした．新しいリーダーシップ概念といえます．「フェミニン（女性的）リーダーシップ」（マリリン・ローデン著／山崎武也訳『男性中心社会で，女性が成功する方法』日本能率協会(絶版)，1987年)は，今までの経営管理方式とどう異なっているのでしょうか．その手法で生産性は向上するのでしょうか，従業員のモラールにどう影響を与えるのでしょうか．

従来の男性のリーダーシップは，仕事のやり方は「競争的」であり，組織構造は「階層制」，根本目的は「勝利」，問題解決方法は「理性的」「戦略的」「非感情的」「分析的」です．従来の管理的能力といわれてきたものには，女性の才能はあまり活かされていません．感情表現，問題解決の際の直感力，個人的関わりを重視する女性的な「フェミニン・リーダーシップ」は，新しい経営組織には有効であり，女性のリーダーたちは自分流を貫けばいいので，無理をしなくてもよいので，この方がいいと言い出したのです．

リーダーシップ概念が質的変化を遂げるのにも，カンターのいう「30％以上という数の問題」をクリアすることが必要だとされています．著者マリリン・ローデンは「臨界質量の30％」という表現をしていますが，これを過ぎると，女性の影響やそのリーダーシップ技能が組織の中で目に見えて好転していくといっています．従って女性の絶対数を増やすことが必要なのです．しかし，何より男性管理職層がこの新しいリーダーシップ方式を支持し，組織・経営行動の範

囲を定義し直すことがより重要なのです．社会の変化に伴って，リーダーシップのあり方も変化し得るのです．女性の管理職が増加する中で，フェミニンなリーダーシップが静かに浸透し，リーダーシップの質が変化していくことでしょう．

リーダーと対人関係能力

　成功を収め，人から尊敬を受けるリーダーは，対人関係の形成という要素がリーダーにとって欠かすことのできない重要なスキルであることを理解しています．ギブ・アンド・テークに基づく人間関係を形成，維持していく中で，相手を理解し相互に敬意を払い，他人のニーズや感情を察知し，衝突が起きた場合でもプラス面を重視しながら解決できる人です．また，人との違い（ダイバーシティ・多様性）は効果的に仕事を進めるチームづくりにとって必要だとする考え方をもっています．部下の指導育成は重要な要件ですが，リーダー・管理者として自分自身の能力開発も重要な課題です．組織面，人脈面，多様性の価値（ダイバーシティ）面で，成功するリーダーの特徴をあげてみます．多様性の価値という項目は，今後組織の変革やマイノリティの声を重視するリーダーにとっては，極めて重要になってくる項目です．以下の四つの項目は，リーダーとして必要だと思われる新しい対人関係の能力です．

　①組織面▶部門だけでなく組織全体の利害やニーズの折り合いをつけられる
　1. 正しいメッセージもタイミングを誤れば間違ったものになることを知っている．
　2. 組織の優先順位と個人の目標との整合性を考慮できる．
　3. 他人を巻き込んでいくのが上手な同僚や上司を観察し方法を学んでいる．
　4. 仕事のできる人に助言者になってもらい，人的ネットワークを広げている．
　5. 上司に対しては良いニュースも悪いニュースもともに知らせる．
　6. プロジェクト・計画の現状を重要な人には常に知らせている．
　7. 自分の考えに妥協が必要な時には「妥協できる」「妥協したくない」「妥協

しない」の三つに分類し柔軟に対応する．
8. 他人の支援要請には，その人から将来支援を受ける可能性を考え，断り方を工夫できる．
9. 人の考えを充分に理解するため自分の考えは先に主張せず，考え方や論拠を傾聴する．
10. 反対が出そうな状況に直面する時は重要な人物にあらかじめ自分の考えを売りこむようにする．
11. 自分の考えをおし通した場合，将来相手から協力を得られない点も考慮する．
12. 人の話し方，言葉，態度からその人が自分に反対していることを把握している．
13. 極力人にアピールすると同時に，強い否定的反応が出ないよう工夫している．
14. 批判は上手に表現するよう心がける．
15. 他人の前で個人的批判はしない努力をする．

②人脈面▶広範囲の部門，地位でキー・パーソンを知り，つながりを持てること
1. 日常人との会話の中で断定したり，評価することを少なくしている．
2. 他人に対する日常の挨拶を欠かさないよう努力している．
3. 家族や親しい友人の発言に耳を傾けている．
4. 欠点より優れた資質に着目するようにしている．
5. 同僚とは職場の外でも付き合うよう努力している．
6. 初対面の時には親切に，前向きに，友好的にふるまうよう心がけている．
7. 事態がどうなっているかを直接聞くようにしている．
8. あまりに忙しすぎて他人のニーズや懸念を見落とさないように注意している．
9. 同僚と仲良くするためにどんな小さい機会でも活かしている．

10. 同僚のコメント，考えで高く評価できるのものは誉めている．
11. 他の人に心からの関心を示す．
12. 部門内で知識の豊富な人に助言者になってもらっている．
13. 自分より下位の人でも日常業務に詳しい管理者・専門家と接触している．
14. ネットワークづくりの色々な機会を作るよう努力している．
15. 専門雑誌・新聞を読み最新の知識を得ている．

③多様性の価値（ダイバーシティ）面▶出身・経歴・人種・年齢・性別・ハンディキャップの有無，価値観，ライフスタイル，ものの見方，関心事にこだわることなく，各人に敬意を表し公平に扱うことができること

1. 広い範囲の人から積極的に意見や情報を求めている．
2. 既成概念を取っ払う努力をしている．
3. 違った見解を持っている人に説明を求める場合，その見解を理解することが目的であり，自分の見解を正当化するためでなことをわかってもらうようにしている．
4. ある人の考えや見解が尊重されていない時は，率先して注意を向けてあげる．
5. 差異を認められたい人もいるが，望まない人もいるという事実を認識している．
6. 個人の決定は個人に任せる．
7. 他人の価値観と組織共通の価値観を共有する際の緊張感をオープンに話す．
8. 経歴や経験が自分と異なる人がいたら，進んで助言者になってあげる．
9. 部下への仕事や機会の与え方は平等に進めている．
10. 人の扱いで断定的になったり，評価的になったりするのは控えている．
11. 人の欠点に着目せず優れた性質に注目するようにしている．
12. 周囲と違った反応を示す人に，組織の受入れ方を変えるには時間がかかることをオープンに話し合える．
13. 差別的態度や意見を言う人には真っ正面から対決姿勢で臨んでいる．た

だしその人がメンツを失わずに態度を改める道を残す工夫をしている．
14. 少数派の人にも一部で多数派と同じ意見を持っていることを理解している．
15. 憶測や型にはまった対応で機械的な考え方をしたり，決まりきった言い方をしていないか確認している．

④調整能力面▶本質的な対立や意見の相違を明らかにし，協調的な解決策を探りコンセンサスを得るように働きかけることができる

1. 自分の立場を守る前に相手の立場を考えている．
2. 意見が衝突する機会は人間関係を強化する機会ととらえ取り組んでいる．
3. 意見が衝突した場合，自分は全員が許容できる解決を望んでいると伝える．
4. 相手に対して最低どんな条件なら許容できるのか質問する．
5. 意見の衝突のポイントを整理し，自分の言葉でまとめる．
6. 意見の衝突は個人間の対立ではなく単に意見や方法の対立ととらえる．
7. なぜ自分が正しいかを長々と講義することはない．
8. 意見の衝突が生じたときは，なぜ相手がその立場をとるのかを検討する．
9. 相手の人格を攻めるのではなく，問題点について議論を戦わせるようにしている．
10. 相手に怒りを出させる機会を与えている．
11. 相手とどこの点の意見が一致し，どこが一致していないかを整理する．
12. 相手が立場を失っている時は，まず相手の話を傾聴し，相手が間違っているというような意見を押しつけたりはしない．
13. 会議で意見が対立し激化した場合，会議は一度打ち切り，当事者双方が再び建設的議論ができるまで緊張を和らげ，自分の考えが整理がついた段階で再開するようにしている．
14. 困難な意見の衝突ではギブ・アンド・テークの行動を示す努力をする．
15. 相手が間違いであると判断した時にはしっかりと相手に認識させる．

このような対人関係能力評価をしてみるのもよいでしょう．評価した行動パターンからどの点は自分は強く，また弱いのかを理解し自分の強みはさらに伸ばし，不得手な分野に焦点を当て自己啓発のヒントとすることが必要です．

2　フェミニン・リーダーシップ

男性中心社会で女性が成功する方法

　筆者がマリリン・ローデン著／山崎武也訳『フェミニン・リーダーシップ-男性中心社会で女性が成功する方法』を読んだのは，1987年の出版から10年以上も経っていました．著者のマリリン・ローデンはニューヨークを本拠に活躍しているコンサルタントで，女性特有の感受性を十分に利用して，研究，インタビュー，直接観察等をした結果をこの本にまとめたそうです．そして訳者の山崎氏は「女性の能力を，女性本来の姿に従ってフルに活かしていない場合は，企業も個人も，今後の繁栄は期し難いと断言できる」（訳者まえがき）と信じて翻訳に踏み切ったそうです．先を見通す訳者の見識の高さに敬服すると同時に，アメリカのビジネス社会が女性の登用・昇進をいかに進めてきたかも実感します．本書が出版された当時，アメリカの企業で働いている女性はすでに45％を占めていましたが，現在では管理職の比率がほぼ5割に近づいています（ILO調査）．日本の場合には，管理職比率（課長級以上）では1割以下でしかありません．
　「女性的（フェミニン）リーダーシップ」という言葉は，1980年代からアメリカのビジネス界で女性の管理職が大幅に増加したことに伴い使われ始めました．女性管理職は性役割としての「女性性」を使うという意味ではなく，従来の男性中心になっている企業社会での，偏向性を是正しようという趣旨なのです．男性中心主義の企業は，根底に競争概念があり，絶え間なき競争的闘争では勝者と敗者しか存在せず，最大の目標は勝つことです．これは軍隊の価値・目標に極似します．このような風土では女性が活躍できません．
　女性のリーダーは，人と密接な個人的関係を保つことがうまいという傾向があり，意思決定をする場合にも客観的事実やデータだけでなく，感情も考慮し，

だれもが敗者にならないよう配慮しますし，短期的な個人的昇進より，多くの同僚との長期的安寧の向上に努めるといった特徴を持ちます．経営管理方式では「協力的」であり，組織構造としては「横並び」で，コントロールは最小限にとどめるという特徴もあります．

わが国においても，女性の管理職を増やす「ポジティブ・アクション」が課題となっていますが，女性は「今の管理職のような仕事ぶりは嫌だ．あんな管理職にはなりたくない」といいます．その言葉を取り上げて，「女性には甘えがある」「やる気がない」などといわれ，管理職候補からはずされることが多くあります．

女性特有のリーダーシップの効果

従来，企業においては，リーダーシップは男性の特質，女性の特質はフォロアーシップだとして，男女で二分割されてきました．企業は男性中心社会，フォロアーシップ側の女性は，縁辺労働力として補助労働，パートタイム労働を担当し，リーダーシップとは関わりのない分野で生きてきました．男性中心社会での女性の位置は，リーダーになる機会はごくまれなことです．このような企業世界に女性が管理職として入っても，男性化することが嫌な女性は管理職が不向きということになります．女性が管理職になっても通用する，男性中心的でないリーダーシップの変革が必要なのです．

企業文化がよりよく「変化」するために，女性特有のリーダーシップの効果を検討すべき時代がきたのです．より生産性が上がり，もっと活気があり，女性の管理職の才能が活かされない欲求不満をなくすためにも，人間的な職場を生み出すためにも必要なのです．今，わが国では「男女共同参画」と叫ばれている中で，「女性的」とか，「女性特有の」というのは抵抗もあるのですが，マリリン・ローデンの「女性は男性のまねをしないで，女性特有のリーダーシップを活かすことが重要」という主張は新鮮です．

もう一つ重要な指摘があります．それはリーダーシップの質的変化を遂げるには，30％という「臨界質量」（「黄金の三割」ともいう）が存在するといわれ

ていることです．これを過ぎると，女性の影響やそのリーダーシップ技能が組織の中で目につくようになるということを指します．しかし，数の増加だけでは有効な効果が期待できず，男性自身がこの新しいリーダーシップ方式を支持し，組織・経営行動の範囲を定義し直すことが重要で，男性はすぐできることを実行することが必要なのです．

3　リーダーシップ能力とマネージメント能力

変化に対応する二つの能力

　変化に対応する経営組織のリーダーには，特に次の二つの能力が求められます．複雑な環境に対応できるマネージメント能力とリーダーシップ能力の両方です．経営陣や管理職に求められる機能を「変革を推し進める機能」と「効率的に組織を運営する機能」の二つに分けると，前者はリーダーシップ，後者はマネージメントになります．それぞれの機能は三つの段階のステップを経ます．

　　リーダーシップ（変革を推し進める機能）
　　　①(長期的な) ビジョンを提示する
　　　②ビジョンを伝達することにより，メンバーを統合する
　　　③メンバーの動機づけを行う
　　マネージメント（効率的に組織を運営する機能）
　　　①(短期的な) 計画や予算を立案する
　　　②組織構造の設計，人員の配置，詳細計画のコミュニケーションなどを行う
　　　③予算や実績管理などを行い問題解決を図る

　経営組織のリーダーが果たす役割について，次のように説明される場合もあります．一つは業績をあげること（Performance），もう一つは組織の維持管理（Maintenance）をするということです．組織の維持管理をしつつ，業績をあげることが必要だということです．うっかりと業績にのみ着目し，組織の維持管

理を怠れば，組織からの離脱，モラールの低下などが起こって，継続的に業績をあげることができなくなります．また，組織の維持管理にのみに力を傾けて，業績があがらなければ，組織存続の必要性さえ否定されかねません．

女性社員とのコミュニケーション能力

　管理職が最も身につける必要があるのがコミュニケーション能力です．女性の部下との間で有効なコミュニケーション能力をもち，適切に指導力を発揮するなら女性の能力開発は大きく前進するはずです．コミュニケーション能力を磨くには，「女性固有の問題」（ジェンダー）の理解力と「職場で働く女性の諸問題」の理解力という二つの分野に求められます．

　「育成方法がわからない」管理職と「先が見えない」女性社員という混迷した育成状況は改善を急ぐべきです．「上司や管理職のトレーニング能力がない」「女性の能力開発のノウハウがわからない」「従来のやり方ではない指導方法があれば教えてほしい」という現場の声が聞かれます．また育成方法だけではなく「教育効果を測定する基準」とか「資格が能力と連動する仕組み」など

表3-1　企業側（管理職）の女性活用の課題と対策

	課　題	対　策
コミュニケーション能力	女性固有の問題(ジェンダー)への理解力	●自己発見・職業適性把握 ●管理者の意識変革の啓発 ●コミュニケーション・スキル ●男性と家事・育児
	職場で働く女性の問題への理解力	●自己表現能力・情報提供 ●管理者の意識変革の啓発 ●コミュニケーション・スキル ●セクシャル・ハラスメント
指導能力	選抜・育成能力	●管理者の意識変革の啓発 ●葛藤処理能力・問題解決能力 ●女性とキャリア・プラン ●育成能力 ●評価と処遇
	マネージメント能力	●管理者の意識変革の啓発 ●自己啓発の情報と支援 ●マネージメント能力

教育や能力開発と評価を連動する方法を模索しています．一方，女性社員の方でも管理職からの指示待ちという傾向があります．女性も自ら自発的に能力開発に励むように挑戦意欲を持つべきでしょう．

　企業の労務管理の中でのセクシャル・ハラスメントは，これまで男性中心で仕事をしてきた時代では問題にされず許されてきたのでしたが，女性社員の増加に伴い顕在化し，職場環境や企業イメージの悪化や果ては裁判にまでつながる大きな問題になったのです．例えば，管理職が育成対象の社員の面倒を見なければという責任感で，私生活にまで口をはさむなどは行き過ぎです．これはコミュニケーション不足というより，若い女性と男性管理者との"感覚"の大きく異なる分野であることに注意が必要です．

女性社員育成のための指導能力

　管理職に不足しているのは，女性社員に対する指導能力です．具体的には女性社員に対する育成能力とマネージメント能力という二つの分野で能力が要求されるのです．

　「人を育てる管理職の下で仕事をしたい」というのは，すべての職場人の願いです．中でも中堅女性社員の中から必ずといっていいほど聞かれるのは「私は上司に恵まれました」という言葉です．いい上司に恵まれなければ，女性はいい仕事ができないのが現状です．企業に入ったなら，自分の仕事に真剣に取り組み，努力をして職業的能力を伸ばし，それを高く評価された者から職位が上になるというのは公平感があります．上司・管理職自らが，「管理職になれるかどうかは，基本的には努力次第である」ということを常々口にも出し，自分自身も努力している姿を部下にもみせ，女性を男性と公平に扱うことがスタートです．男性社員には，仕事の目的や全体像をわからせる努力をしたり，その都度ちょっとしたコツなども教えるにもかかわらず，女性社員の場合では，目的も全体像も知らせずに，ただ部分だけを「言われたとおりにせよ」といい，それでいて「女性は視野が狭い，全体がわからない．部分的な言われた仕事だけやるだけだ」というのは不公平です．部下の社員の伸びる可能性を引き出せ

ないのは，無能な上司であるともいえます．教育力のない上司ほど部下の能力をつみ取ってしまうのです．企業の盛衰は，人材育成いかんにかかっており，今まさに，その真価が問われているといえます．

第3節 評価方法の再検討

1 人事制度の変化と成果主義

評価の基本となる「コンピタンシー」

　日本の企業では，これまで新卒一括採用主義，終身雇用，年功序列賃金といった雇用管理・人事制度を行ってきましたが，いまや採用の面でも，必要な時に必要な部門に必要な人材が採用できるように，通年採用を取り入れている企業が増えています．今後はより即戦力を求めて，通年採用だけでなく職種別採用も実施されていくでしょう．人事制度の改定に伴い，賃金制度も改定され，年齢や勤続年数だけで昇級・昇格していくのではなく，能力や仕事の成果が反映される仕組みに変わるでしょう．

　「コンピタンシー」とは，文字通り訳すならば，能力，職務遂行能力ですが，そのなかでも，特に企業価値の増大をもたらすもので，「企業価値を生み出す行動パターン」ということができます．このコンピタンシーが能力主義の人材評価，育成，昇格の基本として，着目されています．さて，このコンピタンシーで人材評価をするというのは，どのようになされるのでしょうか．評価尺度の中に，コンピタンシーを入れるというのは，行動の何を評価するのか，期待水準をどこに置くかということと関連します．「何を」，「どのようにして」，「どうする」という行動の有無で，その達成度を測るのです．

絶対評価を目指す

　コンピタンシー評価は「相対評価」ではなく「絶対評価」を目指すものです．

相対評価は平均よりもどうかとか，全体の中の何パーセントという評価方法ですが，絶対評価では，既述している行動指標が，「明らかに見える」とか「明確である」といった評価になります．「個」を重視した評価手法として適切なのは，コンピタンシー評価なのです．

能力主義・成果主義とは，やる気のある社員を全員平等といった一律平等主義の弊害から守り，むしろ社員の個性に添った対応・処遇を可能にするための制度です．一人ひとりの従業員の個性化を図ることについてはなんら問題はありません．能力主義を正確に運用することは，企業の義務であり，責任でもあります．能力主義の基本は，個々の社員が，自己の能力を高め，自我の確立を図り，個性を伸ばし，そして社会人としての自己責任を自覚するところから出発するのです．従って，中堅社員の人材育成は，社員一人ひとりの自己意識を高めることに尽きます．社員が自分の価値を高く持つことが職業意識を高めることにつながります．

女性社員育成の7段階

女性の活用に当たっては，企業側の意識の変革が求められています．女性の採用や活用に対して，トップが経営理念として強力な理念を持っていることが何よりも重要です．経営状態や景気にも左右されることなく，継続して女性の戦力化，活用に取り組んでいることが重要です．

1）企業側・管理職に強い意識があること
2）女性の採用を継続すること
3）採用に占める女性の割合を高くすること
4）配属や異動に特別扱いはしないこと
5）成果の見えやすい仕事で実績をつくらせる
6）目標管理を導入し，「個」として評価をする
7）女性社員育成の責任者を置く

2 パワーアップ（育成強化）の具体的処方

複線型雇用管理

●職務転換・ジョブローテーション

　育成・能力開発が効果を発揮するかどうかは，育成活動が積極的に行われるかどうかにかかっており，職務転換・ジョブローテーションの実施，職務の拡大・深化などの日常の職場での育成活動の仕組みと昇進・昇格・処遇などを含んだ人事労務施策とを絡ませて研修が繰り返されれば女性の能力の活性化は必ずできるのです．

●女性の自己意識を高める

　女性従業員の能力開発に必要な要素は自己意識を高めることに尽きます．自分の価値を高く持てることは職業意識を高めることにつながるし，自分への自

表3-2　女性社員活躍のための対策

女性社員	項目	企　業
自分のキャリア・プラン，目標を定める	プラン作り	女性社員登用のビジョンを明確に掲げ，全社員に伝える
何をどうしたいか，という業務に対する自分の考えを示し，行動する	行動・評価	女性社員に機会を与え，適正に評価する
攻撃的でなく，まわりくどくもない言い方で自己主張する	上司とのコミュニケーション	上司は女性社員の考え，目標を理解するよう努力する
結婚，出産・育児を含めたライフ・プランを考え，余裕ある長期計画を立てる	家庭との両立	育児休業，育児中の勤務時間短縮などの制度を充実させ，職業能力の維持，向上を支援する

表3-3 基本的スキルの説明

テクニカルスキル	いわゆる定型業務能力のことをいいます．職務に関する専門知識や語学力，事務処理能力など，正確性や迅速性が求められます．
ヒューマンスキル	いわゆる対人関係能力のことをいいます．接客，営業，リーダーシップ，コミュニケーション能力など，相手のニーズや状況に対処できることが求められます．
コンセプチュアルスキル	物事を大局的に読み取る能力，「考える力」をいいます．問題解決能力，状況判断力，洞察力，戦略立案能力など論理的・体系的に把握できることが求められます．

信は上司への信頼感にもつながります．自己管理能力・情報提供，新たな職域への挑戦意欲の形成，コンセプチュアルスキル，自発的能力開発・情報提供 自己啓発の援助，選択的（レベルに合わせた）能力開発などの職業能力の向上に資するの能力の向上が課題です．

●複線型雇用管理制度の整備

　各社で女性に対しての複線型雇用管理制度を整備され始めています．専門性のある業務は正社員に，ルーティンワークは外部委託などにという企業のニーズに応じて，女性の雇用形態は多様化していきます．それと同時に，在職中の処遇も多様化を進めていくべきです．複線型雇用管理によって，その人の能力や業績に応じて，個人ベースでそれに見合った処遇を実施しながら，それぞれの人材を最適配置をすることが企業の課題です．

　女性にも責任のある仕事を与えるかどうか，日常業務を通じ，女性の育成に努めるかどうかは，実際は直属上司（特に男性）個人の考え方や意識の問題に大きく左右されるのです．

育成・活用目標の設定

　女性が能力を充分発揮した職業生活を送るためには，均等法に基づく企業内の諸制度の整備とポジティブ・アクションとの二本立てで進めるべきです．ポジティブ・アクションの取り組み手順は，①現状の分析と問題点の発見，②具

体的取り組み計画の作成,③具体的取り組みの実施,④具体的取り組みの成果の検討と見直し,⑤積極的取り組みを行うための体勢の整備とコンセンサスづくりとされ,それぞれ具体的な取り組み方法が例示されています.

3　メンタリングによる人材育成

社員の育成とメンター

　昨今各企業では研修予算の削減により,このままでは競争力の低下をもたらしかねないという危惧がある中で,組織と個人の力を再生し,活性化するために,メンタリングを効果的に活かすことが検討されています.メンター制度は従来の企業での人事・教育的蓄積をそのまま活かしつつ,メンター(経験豊かな人)とメンティ(未熟な人)が話し合いながらキャリア形成の道筋を探り,学び,自立し,ともに成長する場を作ることに貢献するものです.自己成長していく組織をつくるために教育効果の高い手法といえます.最近では,メンターシステムは社員の管理職教育,新入社員の教育にとどまらず,起業家(アントレプレナ)への支援のためにも応用されており,中でも女性の管理職登用に対しては特に効果が高いといわれています.

　女性社員の育成を進める時,役割モデルとしての管理職のあり方が問題です.管理職は,自分のみならず,部下の能力を最大限に発揮させることが必要なのであり,それにはまず,自分自身が自立型人材として行動することが必要です.そのことにより部下に対しても,自発性を発揮させる指導が可能となります.このような役割を担う管理職をメンターと呼びますが,女性の能力開発を進めるためには,管理職が管理の方法を修得するというより,部下を励まし支援することにより,女性の部下の自発性を引き出す人間関係を築けるかどうかがポイントです.自発的な部下の意思に基づいた行動を励まし,成果に対してはともに喜び,感動できる男性管理職が,女性の活用を推進できるのです.つまり,女性活用のポリシーをもつ管理職が,メンターだということです.

メンタリングとコーチング

　メンターは，管理者が兼ねる場合も多いのですが，特定の社員の育成に責任を持つ育成の専門家メンターを設定することは有効です．90年代後半，コーチング・メンタリング（Coaching Mentoring）は欧米の組織強化の重要な方策でした．Coach は日本語でも使われるコーチ，「指導」の意味であり，Mentor は日本語でいえば「師」に当たる言葉になります．コーチングは指導手法をいい，メンタリングは，コーチングも含めたさまざまな教育手法で，部下を育成していくことそのものをいいます．ビジネス界でいうと，部下にとって頼れる相談相手であり，仕事をしていく上で何かとバックアップをしてくれる存在がメンターです．わが国では，新入社員は入社後しばらくの間は職場の先輩について仕事や職場のことについて学び，その後は OJT 制度などの形で教育されていく企業が多くあります．この場合は，組織から求められる役割をお互いが果たすという合意による社内メンターによるメンタリングともいえます．ただメンタリングと OJT との違いは，訓練の要素が大きい OJT に比べて，「人生，キャリアを通じての自己成長，人と人との相互成長，組織内の相乗効果」という意味が深いのがメンターということです．キャリア形成には，さまざまな不安や職場の人間関係の悩みもあります．そのなかで心の安らぎをもち，日常生活で起きるさまざまな出来事を適切な方法でコントロールして得られる落ちつきや安心感をもたらすのがメンターです．また大きなチャレンジに対応する力は，日々のメンタリングの中で育成されるものです．

表 3-4　メンタープログラム

第1段階	プログラムの実施準備
第2段階	プログラムの告知と候補者の公募
第3段階	メンターとメンティ（プロテジェ）の選抜
第4段階	オリエンテーションと訓練
第5段階	マッチング（最適と思われるマッチングを行う）
第6段階	実施とモニタリング
第7段階	評価と修正

表3-5　OJTとメンタリングの違い

	OJT	メンタリング
活動の領域	on the job training（職場内訓練）	on the life training（人生を通しての自己，相互成長）
活動の目的	相当業務の遂行	人生，キャリア目標の達成
活動の効果	業務遂行能力の向上	出来事，役割のコントロール
活動の要素	職能資格	出来事，役割
活動の対象	主として一般社員	個人，組織，社会全般
活動上の関係	上下関係	ともに学習し，成長する
活動の内容	スキルの伝承	自立に対する精神的支援
変革の連鎖	組織の上から下へ	個人から組織，社会全般へ
指導ツール	OJT手引書	メンターガイド，メンターツール
勤労の価値観	永年勤続	状況に応じた雇用，就業関係
評価の背景	年功序列	実績主義
職場の人間関係	密接な人間関係	希薄な人間関係

メンタートレーニングプログラム

　アメリカの多くの企業や公的機関では，メンタリング・プログラムを制度的に導入しています．民間企業では，IBM，フェデラアル・エキスプレス，ジョンソン＆ジョンソン，モトローラ，メリル・リンチなど，公的機関としては，アメリカ陸軍，国税庁，農業省などや，また中学校・高校・大学等の教育機関で導入されています．その目的は以下のとおりです．

1) ジュニアマネージャーとシニアマネージャー間の関係促進のため
2) マネージメント能力や職業的能力の訓練のため
3) メンタリングを受けにくい人々（女性やマイノリティ）への対応策としての訓練のため
4) 企業の要求されるポジティブ・アクションの一環として
5) メンタリングを受けにくい人が組織に対して抱く悪感情を取り除くため
6) 新入社員をはじめとする従業員の組織社会化のため
7) 従業員の私的キャリアおよび職業的キャリアの発達促進手段として

8）潜在能力の低い人々によって他の人々が被る損失を減少させるため

メンターに必要な能力

1）情報や助言を与える（指導）ためのスキル
2）他の管理職や新しい仲間との仕事の機会を与える（紹介）ためのスキル
3）仕事上のサポートをする（保護）スキル
4）新しい技能を習得できるように挑戦的に仕事を与えられる（仕事の割り当てと提供）スキル
5）キャリア上の悩みを親身に聞き，話ができる（カウンセリング）スキル
6）個人を尊重し，励ますことができる（励まし）スキル
7）組織で成功するための参考事例を示すことができる（キャリアモデル）スキル
8）気軽に話ができる場をつくれる（友情）スキル
9）「基礎情報を与え育成する行動」から「キャリア・パスの設計に関する支援」へ，さらに「昇進につながる支援」へとより高度なスキルへ発展する
10）高度なメンタリングを行える能力は，うつ傾向を排除し，さらに個人業績が高く，職務満足，メンタルヘルスにおいて神経症的傾向が少ない

具体的なスキル内容として，優れたメンターとしての機能を果たしていると考えられる人物に共通する資質を抽出すると，だいたい次の12の資質・能力が際立っているといわれています．

1）傾聴する能力　2）共感する能力　3）受容する能力　4）自己一致を促す能力　5）フィードバックする能力　6）助言する能力　7）方向を示す能力　8）ケアする能力　9）状況判断の能力　10）分析する能力　11）援助する能力　12）見守る能力

3●組織を変えるジェンダー・マネージメント

第4節 リーダーシップ育成プランニング実践

1 人材育成の目標とポリシーづくり

ポリシーづくりこそ

　効果的な人材育成には，まず企業トップに人材育成のポリシーがなければスタートしません．全社的に浸透させるポリシーがあって，その上で育成活動の制度の導入と従来の処遇制度の見直しが行われます．また女性社員の場合には継続就業のために仕事と家事・育児の両立支援という多方面からの条件整備がなければ効果はあがりません．しかし実現すればその成果として企業イメージの向上と経済効率の向上が実現するはずです．

　まず企業トップが人材育成の目標と育成のポリシーを持つことから始めなければならないのです．企業のトップが経営理念・ビジョンをかかげて取り組んでいることが何より重要です．担当課や特別チームのみが社員育成を行うのではなく，全社的にポリシーをもって取り組まなければその成果は上がりません．また，経営状態や景気に左右されることなく，継続して育成，活用に取り組むことも重要です．

社員育成の基盤づくり

　社員の能力開発に当たっては，社員の自立心を促進しながら，自己実現要求にも合致した指導能力が期待されます．「仕事は見て，盗んで覚えるものだ」という放任的指導方法や，徹底して仕込むというスタイルが有効であった時代もありましたが，「個」の尊重の時代，すべての社員が専門的能力を持って，組織自体の能力をアップせざるを得ない時代を迎えています．企業を取り巻く経営環境が大きく変化する中で，人件費の高騰が収益の圧迫要因と指摘されていますが，それだけに一人ひとりの人間が持っている潜在能力の発揮が求められているといえます．組織体質を革新し，部下の意欲を高めレベルアップして，

仕事を通じて達成感，充実感を享受できる職場環境づくりが求められています．ところが，こうした人材育成の必要性は痛感していながらも，実際は部下に仕事を任すことができず，自分で抱え込んでしまう管理職もまだまだ多いのです．特に，女性社員に対しては，男性社員とは違う役割を期待し，基幹社員を育成するという視点に欠けることも多々あります．

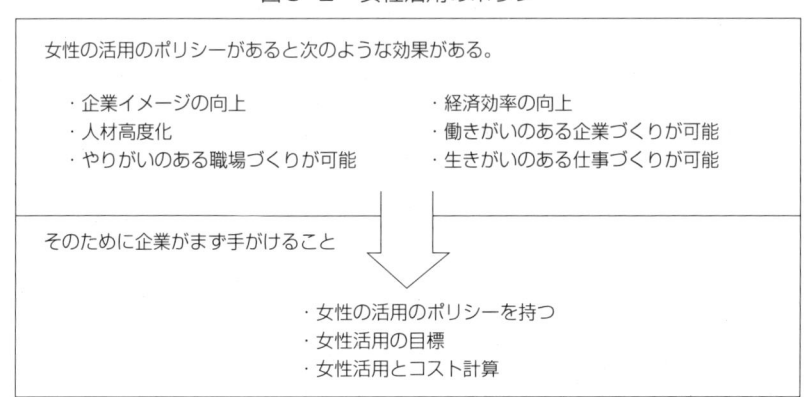

図3-2　女性活用のポリシー

```
女性の活用のポリシーがあると次のような効果がある。

    ・企業イメージの向上        ・経済効率の向上
    ・人材高度化              ・働きがいのある企業づくりが可能
    ・やりがいのある職場づくりが可能  ・生きがいのある仕事づくりが可能

そのために企業がまず手がけること
                ↓
            ・女性の活用のポリシーを持つ
            ・女性活用の目標
            ・女性活用とコスト計算
```

コスト感覚を変える

　この不況の時期には特に，人材育成はコスト高になるといわれます．特に女性の能力育成はコスト高と思われがちですが，実際のところはそうではないのです．コストは何をどう計算するかによって変わってきます．実際のところ，「女性はしょせん男と肩を並べて働くことはできない」と，職業人としてのコスト計算以前の段階で処理されてはいないでしょうか．女性社員がコスト高であるという理由には次のようなものがあげられてきました．

　第一は「欠勤率が高い」ということ．「女性は男性の三倍休む」などといわれてきた時期もありました．自分の都合，夫の都合，そして家庭の都合で三倍になるというのです．

　第二は「訓練に費用がかかる」ということ．定年まで勤務するのが前提の男性に比べ，早期退職が前提の女性では費用対効果が全然違うというのです．

第三は「企業のへの忠誠心が低い」ということ．
　第四は「雇用費用が高い」ということ．女性は労働法規上のさまざまな保護規定があり，そのために女性の雇用コストは高くつくといわれてきました．しかし，均等法の改正で労基法の保護規定がすべて廃止され，これはすべてクリアされたはずです．

社員の貢献度や能力を評価する

　女性社員の職業意識を「結果要因」としてとらえ，企業内においての人事上の対応，企業の社会的責任として，女性社員の活性化のコンセンサスを前面に押し出していくことが重要です．コスト感覚を，どのくらいプラスがあるかという面から考えてみましょう．
　第一に，勤続年数の短期・長期にかかわらず，退職する当日まで燃焼し，業績に貢献する人材を育成し，活用し，評価・処遇するとやる気も生産性も高まります．
　第二に，会社・管理職は意識変革を進め，意欲・向上心のある女性にはチャンスとフィールドを与えること．その一つとして女性だけのプロジェクトチームを編成するというのも思わぬ生産性向上に効力があります．
　第三に，社員自身も意識改革と自己研鑽を積み，絶えず実力を養い，より高次な目標設定をしながら業務に励むことになります．その場合の生産性の向上は測り知れないものがあります．このように女性の能力を継続して発揮させることは，コストから考えても非常に有効です．
　以上を前提として，その上で階層的管理ではなく専門性重視の組織にするということです．従来，わが国の雇用管理ではタテ系統を重視し，責任を中枢部に集める方向が取られてきましたが，今後は個々の従業員が各自の権限・責任の範囲を充分に認識でき，自由に能力を発揮できるようなやり方で，社員の高い勤労意欲を醸成させなければならないのです．専門性重視の組織とは，階層管理の組織にプロジェクト組織などを加えたマトリクス型組織などで，職務担当間の相互交流を広げ，専門性と多少の学際性をもちながら，従業員の自由な

発想と能力発揮が促される自由闊達な組織です．そこでは幹部社員の備えるべき条件も変化し，教育や能力発揮の有効性も倍加するでしょう．

第四には，退職や募集・入職から熟練させるまでのコストの削減にもなります．

2 プランニングの基本

求められる能力の明確化

雇用情勢の悪化の中で，従来の日本型といわれる人材育成は大転換を余儀なくされており，労働移動（転職）を可能にする能力形成「エンプロイヤビリティ（雇用されうる能力）」，市場性のある能力をどう養うのか，企業はどう支援するのかという議論がされています．

制度・システムを見直すという方向も出されています．また，人事・人材育成に関連して，賃金体系，年金制度，人事考課，評価制度，退職金制度，キャリア開発などの優先順位が高く，逆に，OFF-JT や OJT，雇用維持，コース別人事などは優先順位が低くなっています．新たに導入すべき事項や制度としては，選抜型研修，キャリア開発支援，スペシャリスト育成の仕組みなどが重要視されています．

人材育成・能力開発について見直しが必要とされるのは，求められる能力の明確化，人事機能と教育・人材育成機能の連携の強化，評価者の能力向上研修，能力開発体系，自己啓発への支援制度などです．さらに人事制度全般から見ると，今後新たに導入すべき事項や制度としては，成果主義的賃金制度，多様な雇用制度，要員の見直し，各種アウトソーシングなどです．このように，従来の企業と従業員との相互依存関係に基づいた「日本型人材育成制度」が見直されています．これまで「日本型」といわれる人材育成は日本経済の推進力となっていましたが，一企業の中で終生働くことを前提とした企業丸抱えの教育ではなく，市場性のある「個」の能力開発，個人の意欲に基づいた従業員の自立性を重んじた自己啓発が中心となる時代を迎えたのです．

「個」を重視するプランニング

　残念ながら，女性社員には，キャリア・パス（キャリアの階段）などは明確に示されず，かつキャリア・モデルになる女性はまだほとんどいないこともあって，女性たちは将来に希望を見いだせないでいます．しかし，より高度な専門的スキル，時代対応力が必要とされる昨今，未開拓分野としての中堅女性社員を発掘することが重要です．女性が企業への信頼感を持つかどうかがその第一ステップです．「この企業に将来を託せるか？」これは就業継続する際の企業選択の大きな条件です．「託せる」は，言い換えればその企業で自分の能力を開花させ，その能力を充分に活かし，またそれが評価される（地位も，給与も）仕組みになっているということです．

　能力や資質に関する抽象的な言葉は，適切な定義によってより正確な資質やスキルの要求になっていくことが重要です．そして保有スキルが明確に表現されれば，それにより適切な活用の場を与えることが可能になります．適材適所が実現するのです．

　『職務記述書』は，職種名（職位）と職務内容の記述（業務として何を行うか），それに必要なスキル，職位毎の業務上の責任範囲と権限，その他この職種，職位に関し，期待される資質等について記載します．しかし，特に多くの女性が就いている一般事務的な職種については，明確な定義がなされていない場合が多いのです．職務の内容をよく分析することによって，必要スキルも明確になり，従って，能力アップも明確な目標を持てるようになります．

「女性の感性」より男女ともに「適材適所」

　女性中堅社員の活用というと「女性の感性」とか「女性の特色」を活かす仕事をと考えがちですが，「女性の感性」「女性の特色」とは何を指すのかと考えると，女性のきめ細やかさとよくいわれますが，それは，一連の仕事に抜けのない正確さであったりします．こう定義し直してみると，男女という性別には関係がないことがわかってきます．結果として，ある傾向は女性に多い，あるいは男性に多いということはありうることですが，これが天性のものか，社会

通念などから後天的に植え付けられたものか，または教育・訓練によって是正できるものか否かをよく見極めて対処することも必要であり，「女性の感性」という定義より，男女ともに「適材適所」に能力を活かすことができるようなスキルの定義をすることがまず重要です．

3 プランニングの進め方

全社的な中堅社員のプランニングの手順

一般的なプランニング手順を参考に，自社の実情に合わせて応用することです．

1) 中堅社員，中でも女性中堅社員を積極的に活用していく方針を，全社に発表します．内容的には，職域の拡大（具体的な職種を名指して，その職種へのチャレンジを促す），管理者への登用を進めることを明記し，出来るだけ早期に実現することを，目標年次を挙げて具体的に示します．
2) 全社のマンパワー・プラン，目標のターゲット職種，幹部候補生を何人にするかをプランします．その際，現状の人材リスト（職種別，入社年度別）を作成し，実現可能な人数目標値として設定します．不足の場合，次年度以降の採用計画に反映させます．
3) 部門の育成計画作成において，育成人数，育成期間などの目標を部門に理解させます．
4) 部門の育成プランを集め，総計との差をチェックし調整します．許容範囲でなら実績を見守り，少なすぎるようであれば，推進を働きかけます．
5) 育成のための新設コース，OJTによる企業人としての基本実務について管理職への指導書を作成し，指導者の育成をします．

部門における中堅社員育成プランニングの手順

各部門における育成プランニングの実施手順を担当部門で実施します．

1) 所属長は，インタビューにより，社員のキャリア希望を聞き，キャリ

ア・インタビュー・シートを作成します．その際，企業内にどのような業務・職種があるのか，部門など組織の特徴をよく理解できるように説明します．
2）キャリア・インタビュー・シートをベースに，全社の人材調達・育成・配置計画である人材開発プランを参照の上，社員の性格・資質を考慮しながら，キャリア・プラン・シートを作成する．特に長期目標とそれへのステップとしての年度目標をできるだけ具体的に決めます．
3）キャリアプランに沿った年度の研修プラン，業務プランを作成します．ここでは，キャリアプランの短期目標（2年後くらい）であるプランを目処に，職務記述書を参考に，スキル取得計画（研修コース，OJT，自己研修）と，業務の割り当てをプランします．プランは，社員とよく話し合い，合意の上で立案することが重要です．
4）年度途中で，プランの点検を行います．達成が危ぶまれる時は，社員と一緒に障害は何かを追求します．まず，各女性社員に作らせてみます．それ自体が育成訓練の一つです．その上で障害を除くための方策を立て，達成に力を貸します．
5）年度の業績評価には，育成プランの達成度も加えます．これにより，社員もしっかり育成されていることの認識と，期待されていることの実感を得，さらに自ら成長することへの意欲が喚起されます．

プラン・ドゥ・シーのサイクルの確立

　管理職が責任を持って，プラン・ドゥ・シー（Plan・Do・Check・Action）サイクルを回し，実効あるものにしていきます（63頁，図2-3参照）．部署変更等でやむを得ず指導者が交替する場合には，新旧指導者は記録とともに充分な情報を交換せねばなりません．
1）「プラン」の段階では，充分な情報を収集することが重要であり，社内で集められる情報だけではなく，インターネットから得られる情報，得意先やライバル社の動きや学生時代の友人の情報，上司や先輩，前任者が残し

たメモなども有力な判断材料になります．そのような関連情報は，その気になれば捜すのにそれほど困難な時代ではなくなっています．
2)「ドゥ」の段階では，上司や前任者のやり方が参考になります．意識的に見ていくと得意先の会社でも，競争相手の会社でも学べることは多くあります．また異業種交流などを行って，時として積極的な話し合いの場を持つことも有意義です．
3)「シー」の段階は，人材育成が拡大していくかどうかの最も重要なレベルです．いくらプランがよくても，「ドゥ」が効果的に行われていないのは，「シー」の機能がしっかり把握されていないからです．「シー」の段階では，最も厳しく，それでいて最も適切な指示を出すのは直属の管理職ということになります．直属の管理職は，仕事に対して責任を負っているだけでなく，部下の能力を伸ばすという重要な任務も負っています．社内の業務監査の意見や得意先のクレームなども「シー」の機能が実質を伴っているかどうかを判断する基準になります．
4) サイクルをより効果的に回すために修正行動（Action）が必要になります．

キャリア形成に連動した育成計画

　キャリア・パス（登っていける階段）を示すことが重要です．均等法以降，多くの企業では，制度としては男女同等に研修を受講する機会は与えられているとしています．しかし，女性社員は実際に就いている職種が補助職や一般事務職のように，業務内容の特定化がなされていない職種が多く，スキルアップの研修コースはほとんど設定されておらず，受講機会は極めて少ないのです．またキャリア・コースが，明確でないために，一般的には，業務目標やキャリア形成と連動した適切な受講計画が作成されていません．

　まず，登っていける階段（キャリア・パス）を示すことが重要です．そのための育成計画，研修の道筋を示すことが重要で，これがキャリア形成支援です．

　キャリア形成は，ある人材の，企業における活用プラン，すなわちどんな職種・地位を何年くらい経験させつつ，最終的な職種・職位の姿を示すことであ

り，そのために必要なスキルや，経験を習得するための研修および仕事の割り当て計画が，それに連動して作られ遂行されるのです．それらを確実に遂行するための管理者をとくに，キャリア・マネージャーといいます．キャリア・マネージャーは長期に人材を見ていく立場なので，人事または，部門人事のマネージャーがこれに当たることが多いのですが，便宜上，所属長がこの職に当たる場合もあります．この場合，異動などで所属長が替わる時は，所属長同士の連絡を密に，書式や手順を標準化して，情報を受け渡すよう留意します．スキルを中心に人材を活用していく傾向が強くなっている今後，キャリア形成に連動した育成計画が重要になっています．

適切な仕事の割り当てと明確な評価制度

どんなに多くの研修・訓練を積んでも，仕事が与えられなければスキルはあがりません．「仕事に優る訓練無し」です．また実績を上げるには，よい仕事をすることです．

仕事の割り当てが上司に依存していることを考えると，上司の責任は非常に重いということができます．公正に仕事を与え公正な評価をすること，特に上位に育成しようとする女性社員には，タイミング良くスキルを上げ，実績を上げられるような仕事を与えるよう配慮することが重要です．多くの"デキル"女性の不満は，実績が評価されない，いい仕事が与えられないということです．女性に限らず，実績を上げればそれが正当に評価される仕組みは，年功主義から能力主義への移行の趨勢の中で，企業が早急に取り組むべき課題です．

4　育成の第二段階

会議への参加の促進

会議への参加の促進は，経営マインドを持たせるために女性活用を実証するものとしても重要です．関係の深いテーマの会議へはできるだけ参加する機会を与えるようにします．モラール向上と実務的な教育効果の一石二鳥が見込め

ます．会議そのものを企画・実施させることも，教育訓練の一貫としては非常に効果が上がります．これによって，企画立案能力・交渉力・動員力の向上，さらに案内レターの出し方，資料作成，ミーティングルーム準備などの実務能力向上の訓練になります．

プロジェクト・チーム

　特別の目的を達成するために期限を決めて組織される集団が「プロジェクトチーム」です．例えば，従来にない画期的な新製品を開発するプロジェクト，大々的な販売促進チーム，創立〇〇周年記念事業推進チーム，新拠点基盤整備チームなどです．機動的な動き方をすること，枠にとらわれない，柔軟な発想を要求されることから，従来は主として男性がプロジェクトチームの構成メンバーででした．プロジェクトチームの仕事は，比較的短期（3カ月～1・2年）で成果を出さなければなりません．経営組織を組み換え軌道に乗せる新たな活動です．当然ながら，これに参加することはあらゆる面でのトレーニングとなります．女性社員にも大きな飛躍を約束するこのようなチャンスをぜひ与えたいものです．プロジェクトチームは全社的に目立つ存在なので，これに中堅社員を参加させるということは，会社の「活用の姿勢」の明確な意思表示であり，女性を登用すれば女性社員を勇気づけ鼓舞することになります．

育成手法の獲得

　アメリカの心理学者アブラハム・マズロー（1908年～1970年　A. H. Maslow）は，人間の欲求は5段階のピラミッドのようになっていて，底辺から始まって1段目の欲求が満たされると次の段階の欲求を志すという「欲求段階説」を唱えています．この説によれば，人間には基本的なものから高度なものまで五つの欲求があり，他者から認められたいという「承認欲求」の上位に自分の可能性を発揮したいという「自己実現欲求」があります．自己実現の欲求とは，自分の能力，可能性を発揮し，創造的活動や自己の成長を図りたいと思うことです．部下も期待され，実績をあげることで承認されたいと願っています．自分

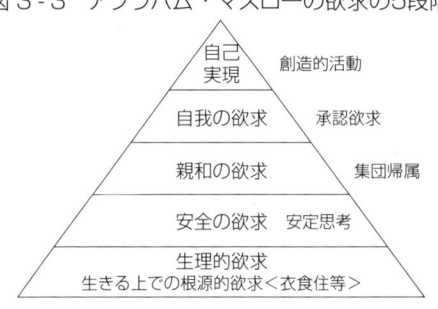

図3-3　アブラハム・マズローの欲求の5段階

```
         /\
        /自己\    創造的活動
       /実現  \
      /--------\
     / 自我の欲求 \  承認欲求
    /------------\
   /  親和の欲求   \ 集団帰属
  /----------------\
 /  安全の欲求  安定思考 \
/----------------------\
/      生理的欲求         \
/ 生きる上での根源的欲求＜衣食住等＞ \
------------------------------
```

の能力を存分に発揮したいと願っているのです．それを能力の一部を使うだけで充分だといわれ，業務の範囲を限定されれば，仕事に倦み，成長への意欲を失ってしまいます．人材を育成する際にはまず「育成のサイクル」をつくることです．

「実際に新しい仕事を任せようとすると後込みしてしまう，大きな期待をかけすぎると危険である」というような場合には，次の留意点に照らして育成プロセスを見直してみる必要があります．

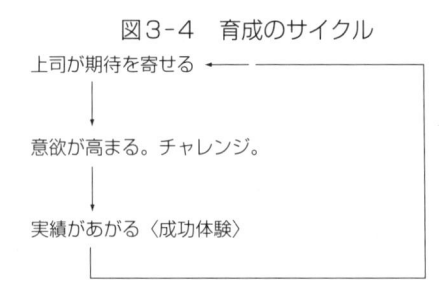

図3-4　育成のサイクル

```
上司が期待を寄せる ←─────┐
      ↓                    │
意欲が高まる。チャレンジ。   │
      ↓                    │
実績があがる〈成功体験〉 ───┘
```

育成目標設定の留意点

1）本人の仕事の成熟度を見極めて次の目標を設定しているか．あまりにも高すぎる目標設定は，意欲を喪失させます．これは男女を問わず留意すべき点です．

2）今まで女性の活用実績がない分野への職域拡大である場合，当該女性にはモデルがなく，戸惑いを生じさせることがあります．戸惑いもあるということを理解することです．
3）一部の女性だけを突出させようとしていないか．女性全体の育成プランの中に位置づけられたものでなければ，女性はリスクを回避しようとします．抜擢されることで，横並びだった「女性社員」の枠組みからはずれます．かといって，男性グループに帰属できるわけでもないのですから，宙に浮いてしまう不安定さを覚えるわけです．当面は期待される喜びと意欲に支えられるとしても，失敗した時には戻る場所がないリスクを抱えることになります．
4）目標設定のキーワードは，①具体的であること，②挑戦的であること，③現実的であること，④到達可能であること，⑤計測し得ること，の五つです．

リーダーの育成

　中堅社員の人材育成には，リーダーの育成は不可欠です．リーダーを置くことのメリットは，中堅社員と管理職とのコミュニケーション・ギャップを埋める架け橋となることです．よくできた管理職でも，男女間のコミュニケーション・ギャップはつきものです．そのギャップを埋めるのが，リーダーの存在です．女性の場合では，後に続く女性たちのモデルになり，向上心を刺激します．
　しかし，リーダーを育成する際に注意すべきこともあります．まず，特定人物だけを引き上げるのが目的ではなく，社員全体の育成を目的としていることを明確にします．そうでなければリーダーが全社員から浮き上がり，管理職とのコミュニケーション・ギャップを埋める橋渡しの役割ができなくなります．また，女性の場合のリーダーには，後輩などから信頼のある者を選ぶのも効果的です．後に続く者を引き上げるのが目的なのですから，リーダーシップを発揮できる人物でなければなりません．

リーダーのポジション

　リーダーには明確なポジション・パワーを付与することはとても重要です．よくあるのは女性グループのとりまとめ的役割を期待しながら，チーフ，主任などのはっきりとした地位を与えないケースが多く，これでは本人はどこまで期待されているのか戸惑い，また，権限を与えられていないために，効果的な関与が難しくなるのです．リーダーをおいた効果を上げるにはリーダーをエンパワメント（権限委譲）することが重要です．後に続く女性たちはリーダーをロール・モデルにします．責任は重くとも，それを糧にリーダーがいきいきと働く姿があればこそ，向上心を刺激されます．上意下達を徹底させるのではなく，リーダーを通じて意見を摂取するなど意志決定参加のプロセスとして機能させることが重要です．

社員と企業の緊張感

　長引く不況による経済成長の鈍化，地球的規模での環境・開発問題，そのいずれにも企業は深く関わっています．金融機関の破綻や倒産は企業に対する信頼を奪い，体力すら失いかねない状況を作り出しています．このような時代に生き残れるためには，女性も男性も含めた社員の能力を最大限に引き出し，自立した個人として認め育成していく企業である必要があります．これまで企業が丸抱えにしていた社員の生活時間を社員に返し，その代わりにそれに勝る能力の提供を受けます．社員個人と企業が緊張感のあるギブ・アンド・テークの関係を作り出すことが企業成長の鍵です．

5　継続就業と人材育成

継続就業が社会と企業持続の鍵

　子育てとキャリアの両立は今後とも企業の大きなテーマです．「持続可能な発展」をどう実践していくかということであり，利益至上主義のこれまでの経営ビジョンは，社会環境や人間としての豊かな生活に配慮し，変革していくこ

とが求められます．結婚をして子どもを持っても仕事を続けるということは，男性にとっては当たり前のことですが，同じことを女性が行えば非常な困難を伴うのが今までの企業社会です．

　従来の企業での働き方は，ともすれば出産も子育てもしない，家庭不在の「男性の働き方」のみがモデルになっていました．これでは結婚している女性が責任ある仕事を任され，子どももいる生活を送ることが不可能になるのは当然です．そもそも，本当に長時間労働が生産性を上げているのかどうかということでは，必ずしもそうではないという指摘もあります．タイムマネージメントをしっかりできる社員が有能な社員として評価される時代になるでしょう．

ワークライフバランス

　働く女性の側から見れば，仕事と育児を両立するためには会社との関係だけではなく，家族の問題，地域の問題などまだまだ壁は厚いといえます．例えば育児休業制度を一年間取得したとしても，育児は一年で終わるわけではありません．子どもの幼児期，学童期を仕事とどう両立させるかが問題になってきます．保育園の送迎をどうするか，延長保育は可能なのか，病児保育はどうするかなど問題は山積みになっています．家庭のあらゆる責任（家事・育児・介護・看護など）がほとんど女性の肩にかかっている現状をそのままにしていては，女性の就業継続は事実上不可能です．

　子育てとキャリアの継続という関係は，一企業だけで解決できるものではないのですが，公的な保育行政との連携によるサポートシステムの充実が大きな鍵となります．女性も男性もともに家族的責任を果たすことが重要です．

　ワークライフバランスは男性の働き方を含めて，生活の質の向上を目指しながら経営の効率も高めていくことを目標にするもので，女性にとっての仕事と子育ての両立を可能にすることだけを目標とするものではないのです．

第5節 活躍する女性社員に求められる能力

1 女性社員育成の基本能力

組織人としての能力

　企業という組織は，複数人が特定の共通目的をもち，その目的を達成する求心的な貢献意欲のもとに，その目的の達成のために必要なコミュニケーションに基づいて存在しているものです．それゆえに企業が求める能力とは，特定の共通目的をもつために自分が何をしなければならないかを理解する「課題設定能力」，さらにその目的を遂行するための「職務遂行能力」（「やります」といったことをやり遂げる責任感），コミュニケーションのための「対人能力」が重要となります．その他，「問題解決能力」や「構想力」「折衝力」等が企業が求める能力です．企業という組織の理解も重要です．同じ教育という言葉を使っても学校教育では極めて個人的に，能力の伸張を期待しますが，企業では組織人としての能力の伸張が課題となるのです．

経営マインド

　経営マインドを持つというのは，企業の置かれている社会情勢を，自分の属する部課はどのような役割を担っているのか，目標や実績はどうかを知ることです．このような目標達成意識は，実績を挙げる上で欠かせないのです．ところが，従来このような目標は男性社員のみに与えられており，女性社員，特に一般事務職や補助的職種の女性社員には，無関係とされていた傾向があります．どんな小さい仕事でも役割でも，最終的には企業目標を達成するための一要素ですから，その目標を知らなくてはいい仕事はできません．その意味で女性社員に最も欠けている「社会情勢，経営目標，部課の目標，達成状況等」に関する経営マインド教育が必要です．育成方法としては，数時間の部課内ミーティングでの発表やグループ学習が適当です．

常に社員として会社の状況に目を向け，敏感に状況を判断する訓練・習慣を身につけさせることが経営マインドを持つための第一歩です．

2　企業人としての四つの基本実務(ビジネス・ファンダメンタルズ)

①**情報収集・整理**▶膨大な資料や混沌とした話の中から，効果的な情報を選択し，いかに重要かポイントを掴む能力です．日常業務において常にトレーニングする気構えが必要です．

②**論理的な思考**▶ビジネス上では，論理的な思考が不可欠です．もちろん対人関係などで細やかな心遣いが必要なケースはままあります．しかし多くの局面では，論理的な思考の結果である「論理的な話の組立」が欠かせません．特に女性は感情的である，あるいは論理が通じない，といわれることがありますが，これはトレーニング不足によるものであり，それまでの経験蓄積として，多くの場面で周囲から「論理」よりも「感情」を期待されるという経験を積んでいるためと考えられます．日常業務を通じてあらゆる場面で，発言や主張が論理的であるかどうかを点検するのが効果的です．

③**効果的なアウトプット能力**▶ポイントを押さえた話し方，書き方など発言を促す，報告をさせる，報告書を書かせるなど，日常の仕事でトレーニング機会を与えるよう配慮し，気がついたことを指摘します．その際「君が言っているのはこういうことではないのかね」などと，解答を先回りして提示してはいけません．時間を少しかけるつもりで，悪いところを指摘して自ら直させることが肝要です．

④**会議での発言，会議のしきり方，プレゼンテーション能力**▶女性でも男性でも人前での発表は訓練が必要ですが，特に女性はプレゼンテーション自体の経験が少なく，積極的に育成しなければならない能力の一つです．実際の

プレゼンテーションは,「人前で話すこと」であり,服装から目線の位置,声の調子,OHPとの位置関係など,実務的なアドバイスが効果的です.

第3章 ワークシート

①ジェンダーチェックリスト

性役割志向性尺度（ISRO）

	非常に賛成	やや賛成	どちらでもない	やや反対	非常に反対
1．女性は家庭の管理にあたるべきであり，国家の管理運営は男性に任せておくべきだ．	A	B	C	D	E
2．女性がキャリアを求めるならば，大方の女性は子どもをもつべきでない．	A	B	C	D	E
3．母親が働いていると，就学前の児童には害がおよぶことがある．	A	B	C	D	E
4．仕事をもつということは，自分自身の人生を生きているということだ．	A	B	C	D	E
5．子どもを産むことが女性の証である．	A	B	C	D	E
6．キャリアを求める女性にとって，出産や育児がその障害になることがあってはならない．	A	B	C	D	E
7．特別なケースを除き，妻が料理や掃除をやり，夫が家族のために金を稼いでくるべきだ．	A	B	C	D	E
8．女性にも，男性とまったく等しい雇用の機会が与えられるべきである．	A	B	C	D	E
9．女性は家にいて，子どもの世話をしている方がずっと幸福である．	A	B	C	D	E
10．働く母親でも，働いていない母親とまったく同じように，子どもとの間に暖かな安定した関係を確立することはできる．	A	B	C	D	E
11．女性は自分のキャリアを考えるよりも，まず育児と家事を自分の仕事と心得るべきである．	A	B	C	D	E
12．重要な仕事を数々抱えていても，やはり女性の本来いるべき場所は家庭なのである．	A	B	C	D	E

13. わたしは，夫が家庭内の雑用を受け持ち，妻が家計をまかなってもいいと思う．	A	B	C	D	E
14. 男でも女でも，同じ仕事に対しては同じ賃金（報酬）が支払われるべきだ．	A	B	C	D	E
15. わたしは，妻に働かせて自分は家で子どもの世話をするような男性を尊敬することはできない．	A	B	C	D	E
16. 肉体的な重労働が女性に向かないように，精神的感情的特質ゆえに女性に向かない仕事もいろいろあることを，女性自身が自覚すべきだ．	A	B	C	D	E

日本語版作成：早稲田大学教育学部，東清和教授．

採点コード

	非常に賛成 A	やや賛成 B	どちらでもない C	やや反対 D	非常に反対 E
1	1	2	3	4	5
2	1	2	3	4	5
3	1	2	3	4	5
4	5	4	3	2	1
5	1	2	3	4	5
6	5	4	3	2	1
7	1	2	3	4	5
8	5	4	3	2	1
9	1	2	3	4	5
10	5	4	3	2	1
11	1	2	3	4	5
12	1	2	3	4	5
13	5	4	3	2	1
14	5	4	3	2	1
15	1	2	3	4	5
16	1	2	3	4	5

あなたの合計点

　　　　点

②あなたの多様性社会におけるリーダーシップ度の測定

	めったにない		ときどき		いつも
1．わたしは自分の属する集団のビジョンを明確に持っている．	1	2	3	4	5
2．集団の中でのわたしの地位にかかわらず，わたしは人一倍良く働く．	1	2	3	4	5
3．わたしとまったく異質の人びと（たとえば外国人，性的マイノリティー，障害者，異性など）と接するとき，その人から学ぶことがたくさんあると思う．	1	2	3	4	5
4．わたしは自分が話すより，人の話を聴くように努めている．	1	2	3	4	5
5．異文化交流の場（違う国の人，違う年齢，障害のあるなしなど）に参加する機会を積極的に求める．	1	2	3	4	5
6．対立や誤解があったときは，アサーティブに相手とコミュニケートできる．	1	2	3	4	5
7．人の能力を，雄弁さや効率性のみで測らない．	1	2	3	4	5
8．自分の持つ偏見に意識的である．	1	2	3	4	5
9．相手の長所をどう活用するか考えている．	1	2	3	4	5
10．ネットワーキングが得意．さまざまな団体，個人との仕事を通じたつながりや協力関係を作るのが上手だ．	1	2	3	4	5

出所）森田ゆり『多様性トレーニング・ガイド』（解放出版社，2000年）より．

③セクシャル・ハラスメントチェック

●性別役割分業意識チェック

① 女性の職員は，上司の私用を頼まれるのも仕事のうちだ．
　　　　（□そう思う・□なんとも言えない・□そうは思わない）

② 判断の必要な重要な仕事は，男性の方が良いと思う．
　　　　（□そう思う・□なんとも言えない・□そうは思わない）

③ 女性職員は家庭のことばかり考えがちである．
　　　　（□そう思う・□なんとも言えない・□そうは思わない）

④ お茶くみを女性がやるのは良い習慣である．
　　　　（□そう思う・□なんとも言えない・□そうは思わない）

⑤ 女性が家庭と仕事の両立に悩んだときは，家庭を優先すべきだと勧める．
　　　　（□そう思う・□なんとも言えない・□そうは思わない）

●ジェンダーチェック

⑥ 女性はよく気がつき，細かいことへの配慮ができると思う．
　　　　（□そう思う・□なんとも言えない・□そうは思わない）

⑦ 自分の意見をはっきり主張する女性は苦手だ．
　　　　（□そう思う・□なんとも言えない・□そうは思わない）

⑧ 女性だけに制服を義務づけることに抵抗はない．
　　　　（□そう思う・□なんとも言えない・□そうは思わない）

⑨ 女性は化粧や身なり，動作に注意すべきである．
　　　　（□そう思う・□なんとも言えない・□そうは思わない）

⑩ 女性がくわえ煙草をするのは見苦しい．
　　　　（□そう思う・□なんとも言えない・□そうは思わない）

●性的チェック

⑪　女性は性行動では受け身であるべきだ．
　　　　　（□そう思う・□なんとも言えない・□そうは思わない）

⑫　女性の性的な姿勢は衣装や化粧などにあらわれる．
　　　　　（□そう思う・□なんとも言えない・□そうは思わない）

⑬　男性と女性の間では職場であれ，性的関心をもつのは自然だ．
　　　　　（□そう思う・□なんとも言えない・□そうは思わない）

⑭　売買春は，買う男性も悪いが売る女性も悪い．
　　　　　（□そう思う・□なんとも言えない・□そうは思わない）

⑮　酒の上での性的行動は，女性の側にも落ち度がある．
　　　　　（□そう思う・□なんとも言えない・□そうは思わない）

●職場行動チェック

⑯　「ちゃん」づけで呼ぶのは親しみの表現である．
　　　　　（□そう思う・□なんとも言えない・□そうは思わない）

⑰　ちょっとしたからかいに目くじらを立てる女性は大人げない．
　　　　　（□そう思う・□なんとも言えない・□そうは思わない）

⑱　食事に誘って断るような女性にはムッとする．
　　　　　（□そう思う・□なんとも言えない・□そうは思わない）

⑲　書類などの整理がきちんとできない女性は，だらしないと思う．
　　　　　（□そう思う・□なんとも言えない・□そうは思わない）

⑳　女性の部下を叱るのは男らしくないと感じてしまう．
　　　　　（□そう思う・□なんとも言えない・□そうは思わない）

　【診断】　「そう思う」＋「なんとも言えない」　　　　15以上　　要注意
　　　　　　　　　　　　　　　　　　　　　　　　　　10以上　　注意
　　　　　　　　　　　　　　　　　　　　　　　　　　5以上　　やや注意
　　　　　　　　　　　　　　　　　　　　　　　　　　3以下　　問題なし

　　出所）金子雅臣『職場相談員のためのセクハラ防止完全マニュアル』（築地書館，2000年）より．

④あなたのメンター，モデラー，サポーターチェックシート

メンター (アドバイスしてくれたりチャンスを提供してくれる人たち)		モデラー (人生を刺激し目標とできる人たち)		サポーター (勇気を与え，支えてくれる人たち)	
個人名 (関係)	良い点など	個人名 (関係)	良い点など	個人名 (関係)	良い点など

自分が望むライフスタイル

©女性と仕事研究所

⑤メンター度チェック

	苦手である	できていないほうだ	どちらともいえない	まあまあできている	得意としている

傾聴する能力
1. 相手が話をしている時に，自らの体験や価値観で押さえつけずに，ひとまず聞く　1　2　3　4　5
2. 批判やおどし，一方的な助言や説教をしない　1　2　3　4　5
3. つぎつぎと質問を浴びせたりせず，相手の話にそって対応する　1　2　3　4　5
4. 相手に過度に同調したり，相手のペースに巻き込まれたりせず，自然に対応する　1　2　3　4　5
5. 相手が沈黙しても，状況を考慮し，じっくり待てる　1　2　3　4　5

助言する能力
6. 相手が助言を求めている時に何を求めているのかを確かめる　1　2　3　4　5
7. 助言を求められている時に，何故求めているのかを確かめる　1　2　3　4　5
8. 助言を一度に多く与えずに，少しずつ与える　1　2　3　4　5
9. 助言を与えた時，助言の内容を相手が理解し，受け入れられることかどうか確かめる　1　2　3　4　5
10. 与えた助言が相手にどのように役立っているかどうかを，後日確かめる　1　2　3　4　5

援助する能力
11. 相手が求めている援助の内容を，思いこみによらず正確に把握できる　1　2　3　4　5
12. 相手が自信や勇気をもてるような援助の手段を選ぶ　1　2　3　4　5
13. 援助することの自己満足にとらわれ，誤った援助行為をするようなことをしない　1　2　3　4　5
14. 援助行為が，相手にどういう影響を与えているかをわかっている　1　2　3　4　5
15. 自分の援助行為に対する見かえりを求めたりしない　1　2　3　4　5

見守る能力
16. 援助を与えないことが相手にとって必要な援助になる，という状況の判断ができる　1　2　3　4　5
17. 何も言わず，何もせず，暖かく見守り続けることができる　1　2　3　4　5
18. 相手が提示する問題を表面的に，即座に対応せず，時間をかけて問題の本質を見極める　1　2　3　4　5
19. 一度にすべてを援助せず，相手にとって必要な援助を少しずつ提供することができる　1　2　3　4　5
20. 援助行為に対して感謝されることによって自分の価値が左右されない　1　2　3　4　5

		5　10　15　20　25
1	傾聴する能力 合計点数	
2	助言する能力 合計点数	
3	援助する能力 合計点数	
4	見守る能力 合計点数	

©女性と仕事研究所

第4章

個を活かし組織を変える
ダイバーシティ・マネージメント

アメリカでは，男女のイコーリティが運動の中心になっていたのが80年代で，90年代ではダイバーシティという言葉が使われています．男女だけではなく，人種や民族，障害のあるなしにかかわらず，あらゆる人が自分のもてる能力を存分に発揮できる職場環境でなければならない，ということです．そこで「イコーリティ（平等）」にかわって「ダイバーシティ（多様性）」という言葉で，平等・公平を進める動きになっています．さらに企業のあり方に社会的責任が問われるようになってきたのも，90年代からです．女性の企業での働き方が男性に比べて不公平だということになれば，当然，社会的責任を全うしていないのです．そのような企業への投資へは協力しない，という結果になるでしょう．

　社会的責任投資 SRI（Socially Responsible Investment）の「社会的責任」の概念に「女性活用度や働きやすさ」を加える動きが急激に起こっています．人は女性も男性も，愛と仕事に生きることの喜びをかみしめながら，自分の道を広げて，行く手に明かりを灯していくのです．

第1節 女性と企業の新しい関係

1 女性の活躍と企業業績

女性比率の高い企業は業績がよい

「女性の活躍と企業業績」は，2003年6月に経済産業省の男女共同参画研究会が，「女性比率の高い企業は業績がよいか」との仮説の下に調査をしました．その結果，文字通り女性の多さが好業績に関連するという結果が出ました．業種や企業規模などの違いを調整した場合，女性比率が10％上がると総資本利益率（ROA）も0.2ポイントアップします．女性が多い企業は業績もよいことがわかったのです．この調査は，従来ともすると，女性の活用は出産や育児休業に伴う代替要員の確保などから，企業にとっては高くつくとされがちだったのを，女性にかかるコストを上回ってメリットがあるという検証をしようとしたものです．

「女性比率の高い企業は業績がよい」となると，今後ともポジティブ・アクション（積極的平等措置）をどんどん進めて，女性の活用を活発にすることが企業経営にとっても有利だということになるのです．ただもう少し，この調査結果を詳しく見ていきますと，女性比率の多い真の理由が見えてきました．約300社の分析で，最終的に女性比率と利益率の高さが重なりあったのは，「再雇用制度がある」企業と「男女の勤続年数の格差が小さい」企業であるということが判明しました．再雇用制度というのは，仕事に習熟した人材を確保できる点で，経営に利するかもしれませんし，男女の勤続年数に差がないというのは，男女の処遇を均等にしているとか，働きやすさや公平性が生産意欲に結びついているのでしょう．もちろん仕事と家庭の両立が可能になる条件もあるのでしょうが，ヒアリングを受けた企業の実態としては，性にとらわれない成果主義・実力主義の労務管理を実施していたそうです．また女性の登用が企業の業績にプラスであるという効果を前向きに受け止めていたようです．

図4-1　企業と人事・労務管理策と利益率

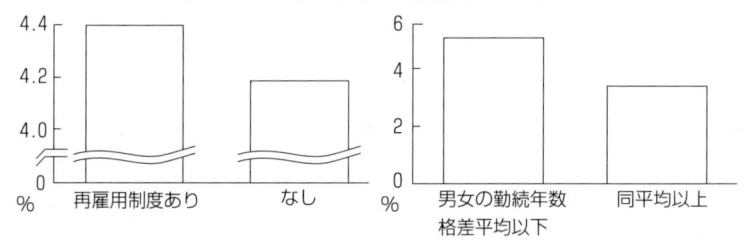

	再雇用制度あり	なし
%	4.4	4.2

	男女の勤続年数格差平均以下	同平均以上
%	6弱（約5.5）	約3.5

注）データは企業規模，設立年，業界などの影響を調整する前の時点での試算結果
資料出所）「経済産業省男女共同参画研究会報告」2003年6月．

日本的経営とは

　従来の企業は男性中心につくられてきました．それも過度に男性中心であったといえます．これは企業で働く従業員の比率が男性に高いという意味ではないのです．企業によっては，むしろ女性の従業員比率の方が高い企業が多くあります．比率は女性が高いのに，企業の経営を担うマネージャーの比率は大部分が男性になっており，女性が企業の目標・方向性を決定する機会や部下に対してリーダーシップを発揮する場面がきわめて少ないことことも合わせて「男性中心」だというのです．

　これまで女性の活躍の場はかぎられていました．例えば，事務・営業補助，生産現場での補助的な業務などです．しかし，人材・人手不足が深刻になり，女性の意識の変化，働く意欲の向上なども相まって，専門職，技術職，営業職などの女性の新しい分野への進出が始まりました．女性の大量進出で職域も拡大しましたが，やはり男性職の周辺的・補助的な職業でした．男女雇用均等法成立（1986年）以降ごろから，わずかながら，中核的な業務へキャリアアップする女性も登場してきましたが，未だに最も女性の進出が低いのは，企業経営を担う管理的立場の女性（マネージャルウーマン）の比率です．

　これまでの日本企業の発展は，日本社会に存在するジェンダー意識（性差別意識）を経営の中に巧みに取り込み，家計の中心人物を男性に限定し，妻を被扶養者とし，男性には家計の中心人物であると想定した企業組織をつくりあげ

てきました．男性中心主義の企業経営のことを「日本的経営」という場合も多いのですが，この「日本的経営」の基本的特徴は，第一に終身雇用制度（長期雇用制度），第二に年功序列，第三に年功賃金，第四に企業内教育(on the job training)，そしてもう一つ，第五に企業内労働組合といわれています．これらはすべて男性中心の特徴であり，結婚や出産で企業を離れるのは女性であり，企業内に残り，長期に年功で昇進昇格し，年功で賃金が上昇するのは男性であるという，企業をめぐる男女の役割分業が組織をつくりあげているのです．だから男性は，家族を養うためという役割を果たし，男性は企業への忠誠を誓いながら，過労死もいとわぬほど，ひたすら働いてきたのです．逆に女性は，「日本的経営」からは排除され続けてきたのです．この傾向は，戦後の経済発展の中では高度経済成長期にこの傾向が最も顕著でした．

　日本的経営という意味では，企業の組織だけではありません．行政組織も日本的経営組織の典型例でしょう．これからは企業だけではなく，行政も事業評価される時代になってきますので，税金の費用対効果をきっちり見えるようにし，組織は活性化していく必要があるだろうと思います．現状の男性主義の集団組織が典型的な日本の企業組織だとすると，女性やマイノリティは参入しにくいのであり，どうしても新しいものを排除することになります．だから組織が古いままになりがちです．新しいジェンダーニュートラル（性に中立）な組織にするには，女性と男性が手をつないでニュートラルな評価基準や職務基準を作っていくことです．現行組織とぶつかるところは新しく変革をしていくためにも，ポジティブ・アクションは不可欠です．

「譲り渡すことのできない」権利

　今やどこから見ても「日本的経営」組織が妥当する状況ではなくなってきています．男性も女性も家計を対等に担うダブルインカムが，世界の常識になっていますし，女性の企業における実力評価も高くなっています．それにも関わらず，企業経営のシステムは，昔ながらの男性中心主義と均一的人事管理制度から抜け出せずにいます．

女性の就労曲線は，俗にいう「M字型」形状をなしており，世界各国が70年代から「M字型」を脱し，「台形状」に変わってしまっている中で，日本だけは，結婚，出産，育児期に労働現場から離脱（せざるを得ない）するこの形状が続いています。この形状は2020年においても，改善されないだろうという予測が出ています。

　女性は結婚・出産すると仕事で自分の経済的自立が果たせず，厚生年金受給者である夫の妻という立場を意味する第3号被保険者という身分で，人生の最後まで夫に養われ続けるということになります。仕事で自立できないということは，人としての根幹が無視されていることでもあり，人権問題が放置されているのです。

　その意味では，女性差別撤廃条約（女子に対するあらゆる差別の撤廃に関する条約：1985年批准）の第11条にいう「労働の権利は人類の譲り渡すことのできない権利である」の確立が求められるのです。

　「働く権利」は，女性の権利であるというだけでなく，企業においても有利な提案になるはずです。この「働く権利」の男女平等が確立できれば，女性が企業で実力を発揮できるわけですから，それに伴う企業での職務の評価基準の是正をすれば，単純に考えても，男性に加えて女性の貢献も合わせて，二倍の経済効果をもたらすはずなのです。

2　今，企業で起こっていること

ジェンダーの意識から見た日本的人事労務管理制度の変化

　現状の組織は男性が中心ですから，女性が組織の中でやっていこうとする時には，組織と対立（コンフリクト）します。だから女性はストレスを抱えることになってくるのです。女性も男性もいて，そこにどちらの立場でもない中立的な状況で，職務評価もニュートラルな状態が作れると，女性と対立したり男性と対立したりすることもなくなります。昇進昇格の基準や給料，仕事の与え方など，すべてを一度ニュートラルにしてみることが重要です。

新しいものにするには，女性と男性が手をつないでニュートラルな評価基準とか職務基準を作っていくだけのことなのです．古い組織と新しい組織のどちらの組織が活発になるか，どちらの組織が効率的かという視点で考えてみると，新しい風を古い組織に入れれば，必ず新しい動きが生まれます．

　ある観光県のタクシー会社の例です．そのタクシー会社の社長は，女性も力を持っているということがよくわかっていて，女性の運転手を採用しました．使ってみると，丁寧だし，お客さんから指名されるような運転手になっていきました．たいがいの人は，深夜酔っぱらいがきたらどうするのだというようなことをよくいうのですが，深夜だけは警報を持たせるなど工夫して，女性の運転手を増やし，さらに女性の管理職を増やしたのです．その結果，2～3年で収益が倍増したそうです．社長はさらに継続，発展させたいと言っています．

DO！ポジティブ・アクション

　女性の管理職がなぜ増えないのか，という問いに対しては，まず登用するに値する女性がいないといわれることが多いのです．しかしこのように本当に，登用されるに値する女性がいないというのは，女性の側の問題なのかというと，実は管理職側の問題の方が大きいというのが実態だといえます．女性の活用についての問題点は何かというと，一番は，家庭責任が伴うから使いにくいということをいわれます．次に，勤続年数が短く，時間外労働や深夜業をさせにくいこと．また一般的に女性は職業意識が低いとも言われます．しかしそれは女性の意識や実際とは必ずしも一致しておらず，管理職自らの狭い経験による思いこみだけで，本当は女性の活用方法がわからないということが，理由のように思われます．女性の登用に当たっては，男性と全く同じ基準で実施するのではなく，女性のライフサイクルの節目に合わせて，例えば結婚・出産の前のかなり早い時期に，昇進昇格の時期を持ってくるということも，ポジティブ・アクションの一つだと思います．女性の勤続年数が10年，年齢でいうと27～30歳ぐらいで退職してしまうのが現状ですが，その年齢よりも前に職場の異動や研修を始めることだと思います．

女性の人生には，もちろん結婚や出産というライフイベントも重要なのですが，職業上のイベントのイメージが描けることが重要になります．両方がそろわないと，キャリアデザインは描けないのです．出来るだけ早い時期から昇進・昇格のイメージを描けるようにすることが最も重要です．そのために例えば，登用研修や昇級試験の受験においては，管理職からの推薦状なしに，手を挙げさせてやらせてみるとか，一つの部署に複数で女性を引き上げるとかも有効でしょう．業績評価で効果の出やすいところに女性の管理職を増やしていくなども有効です．そうすると女性がに能力があることが見えやすくなります．

採用・育成・登用の循環とメンタリング

　女性が働くことが当たり前になってきている現在，結婚しても働けるような

図4-2　女性の活用に当たっての問題点について

（複数回答　1992年、単位：％）

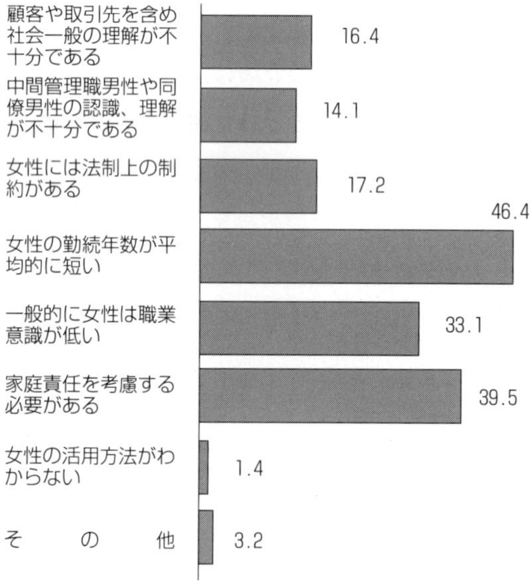

項目	％
顧客や取引先を含め社会一般の理解が不十分である	16.4
中間管理職男性や同僚男性の認識、理解が不十分である	14.1
女性には法制上の制約がある	17.2
女性の勤続年数が平均的に短い	46.4
一般的に女性は職業意識が低い	33.1
家庭責任を考慮する必要がある	39.5
女性の活用方法がわからない	1.4
その他	3.2

出所）井上輝子・江原由美子編『女性のデータブック　第3版』有斐閣，1995年．

図4-3 昇進・昇格に差がつく理由

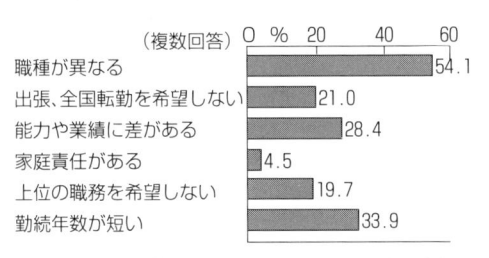

（複数回答）

理由	%
職種が異なる	54.1
出張、全国転勤を希望しない	21.0
能力や業績に差がある	28.4
家庭責任がある	4.5
上位の職務を希望しない	19.7
勤続年数が短い	33.9

出所）2001年度「女性雇用管理基本調査」日本経済新聞2002年5月29日．

企業，自分をきちんと評価してくれる企業とそうでない企業を見分ける目はシャープになっています．採用の段階から，評価や登用に関する将来性についても，よく見据えるようになっています．ただ，この採用・育成・登用は，時間がかかるものです．最初から登用ではなく，まずはどれだけ性にニュートラルな採用ができるかから始まります．採用して，育成して，登用するという連続が，常にらせん階段のようにつながって上に上がっていくのだと思います．

例えば「私の場合，初勝負服は赤がいいのか，緑がいいのか」というような女性部下からの質問に答えることなどの日常的な指導から始まって，キャリアの道をどう決めるのかといった相談にものるのです．ものの言い方のトレーニングとか，会議に出た時にどういうポジションでしゃべったらいいのかというコミュニケーショントレーニングやボイストレーニングを施すこともあります．メンターが行う具体的な行動として，キャリア的機能にはスポンサーシップ（支援）を発揮し，訓練や保護，仕事上における挑戦性の向上を図って，「がんばってごらん」と後押しすることがあります．心理・社会的機能には，自分が役割モデルになり，話を聞き，受け入れ，それでいいのだと確認したり，カウンセリングもします．このようなメンターがいる場合といない場合とで，女性の管理職比率は変わってきます．女性管理職の増加のために，メンタリング・プログラムを実施する必要があります．

3 女性活用を目指す政策

アメリカの場合

　1995年の国連のデータによると，アメリカにおける女性の管理職の比率は43％で，労働力に占める女性の比率は，46％です．管理職が二人いたら必ず一人は女性というぐらいに増えてきたわけです．これが1967年から着実にアファーマティブ（ポジティブ）・アクションをやってきた結果です．日本は，一番新しいデータで係長まで入れて7.8％です．

　アメリカは，最も早くアファーマティブ・アクションを導入した国です．雇用に関しては，①公民権法第7編に基づく裁判所の救済命令としてのアファーマティブ・アクション，②大統領命令に基づき，連邦政府との契約締結企業が実施を要請されるアファーマティブ・アクション，③企業が自発的，任意的に実施するアファーマティブ・アクションがあります．

　第一のアファーマティブ・アクションは，公民権法第7編706条（g）に基づいて，裁判所が，雇用差別を意図的に行った企業に対して，是正命令の一類型として命ずるものです．裁判所は，ときに，このような企業に対して，「上位職種の男女比率が○○パーセントになるまでは，昇進する者の半数は女性にすべき」というような，かなり明確なクォータ制（一定の数値の達成を強制する割当制度）の実施を命ずることがあります．

　第二は，①連邦政府と建設契約を締結する企業，ならびに，②被用者50人以上で，連邦政府と5万ドル以上の契約を結ぶ企業が，大統領命令11246号に基づいて，契約締結条件として作成を要請されるアファーマティブ・アクション計画です．

　企業は，①雇用機会の均等を促進するという方針を内外に表明し，②アファーマティブ・アクションの実施体制を作ります．そのうえで，③企業内における労働力活用状況の分析を行います．これは，各職務グループごとに，従業員の男女比率を分析し，近隣地域の当該職務に必要な技能を持つ女性の割合などに比較して，企業内部に過少活用状況（underutilization）があるかどうかを判

断するのです．④過少活用状況が存在する場合には，その改善のための目標とタイムテーブルを設定し，それを「誠実な努力を尽くすことによって実施する」ように要請されます．⑤その目標の達成のために，具体的な改善策を策定するのですが，この内容は，採用方法の改善，求人計画の見直し，昇進や教育訓練制度の整備，育児への配慮など，各企業ごとに多様なものです．⑥最後に，この計画の実施状況は，点検されたうえで，翌年には改訂されます．

アメリカでも最初から女性管理職が50％であったわけではないのです．当初は大変かもしれないけれど，やがてエンジンがかかると組織を変革して，新たな活発化した組織に変わっていくのです．

図4-4　アファーマティブ・アクションの理念モデル

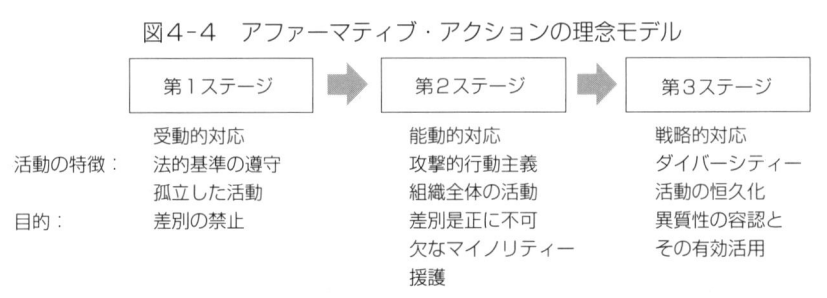

	第1ステージ	第2ステージ	第3ステージ
活動の特徴：	受動的対応 法的基準の遵守 孤立した活動	能動的対応 攻撃的行動主義 組織全体の活動	戦略的対応 ダイバーシティー 活動の恒久化
目的：	差別の禁止	差別是正に不可欠なマイノリティー援護	異質性の容認とその有効活用

出典）佐野陽子，嶋根政充，志野澄人編著『ジェンダー・マネジメント』東洋経済新報社，2001年．

図4-5　アファーマティブ・アクションへの歩み

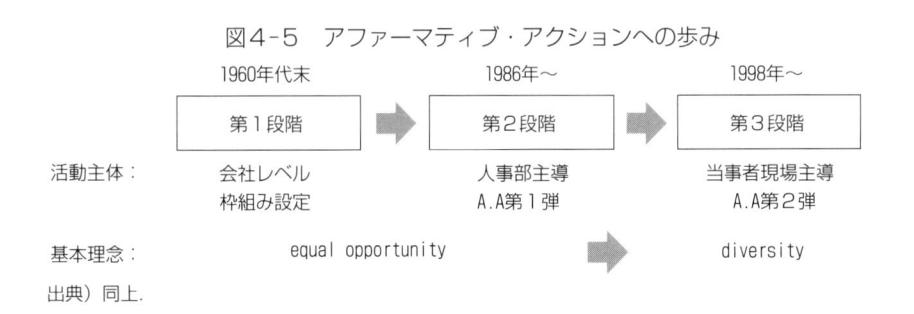

	1960年代末 第1段階	1986年～ 第2段階	1998年～ 第3段階
活動主体：	会社レベル 枠組み設定	人事部主導 A.A第1弾	当事者現場主導 A.A第2弾
基本理念：	equal opportunity		diversity

出典）同上．

欧州や北欧などの場合

　欧州ではアファーマティブ・アクションをポジティブ・アクションといっています．実は日本のポジティブ・アクションの源流は，EU 諸国です．スウェーデン，デンマーク等の北欧五カ国は，クォータ・システムという名前で実施しています．欧州は，EU としてのまとまりがありますので，各国による違いというより，EU 全体で見る方が的確かもしれませんので，次節で詳細することにして，本節では，2，3の国を挙げてみることにします．

　まずフランスは，ヨーロッパでかなり早くポジティブ・アクションを導入した国です．労働法典には，「男女の機会，特に女性の機会に影響する事実上の不平等を是正して両性の平等を確立するために，女性に対してのみとられる暫定的措置の実施を妨げるものではない」という規定が置かれています．その具体策として，同条第2項は，①公権力が制定しうる規則，②全国レベルで拡張可能な労働協約・集団協定，そして，③企業レベルで労使交渉を通じて立案・実施される「男女の職業上の平等のための計画」の三つをあげています．男女間の職業上の不平等性を是正するために期待されているのは，②および③です．特に③は，企業レベルの男女平等の実現にとって重要です．

　各企業の長は，毎年，男女の雇用および職業訓練の比較状況報告を，書面で企業委員会または従業員代表に提出します．この年次報告書は，企業委員会の意見を付して，労働監督署に提出しなければならないのです．

　イギリスの「性差別禁止法」は，直接性差別と間接性差別を禁止していますが，同時に，ポジティブ・アクションは，一定の「差別的」行為を行うことなのですが，例外として許す規定を設けました．使用者が行うポジティブ・アクションとは，①当該企業に，直前の12カ月間に女性（または男性）が皆無かまたは比較的少数しかいない職務がある場合に，②その職務に従事するための訓練を女性（または男性）のみに実施すること，あるいは，③その職務につくことを女性（または男性）のみに奨励することです．しかし，イギリスの問題点は，ポジティブ・アクションの実施は全く企業の任意にゆだねられているのです．

ドイツの1994年法は，連邦行政機関と連邦裁判所のすべての事業所に対して，3年ごとの「女性雇用促進計画」の策定を義務づけました．各事業所は，女性就業者の状況を分析し，採用，昇進，研修における男女比率を比較して，理由の説明がつかない男女比率の偏向を是正するための3年計画を公表して実施します．是正できなかった場合には，その理由を上級官庁に報告しなければならないのです．連邦政府は3年ごとに，この法律の通用に関する報告を連邦議会に提出します．

　北欧で実施されているクォータ・システムというのは，1970年代に女性たちの運動に押され，政治の世界にまず入ってきました．政党が比例名簿を男女半々にするクォータ制を採用しました．政界で女性が活躍するようになり，やがて一般化しました．企業で使用者に対しては，数値目標とタイムテーブルを定めることを義務づけ，多様な手段を通じて，労働者の業績や能力を順当に評価しつつ実現されます．しかし，一定の数値の達成を機械的に強制するという要素があります．場合によっては業績や能力を無視して実現を強要するクォータ制もあります．

日本のポジティブ・アクションの実施

　ポジティブ・アクションを実施していくことが企業や行政の一番重要な課題になってきました．この課題は男女共同参画社会基本法や都道府県各自治体での条例でも謳われていますし，均等法の改正の中でも積極的男女差別是正策として明確に謳われています．最近チャレンジ支援（2003年4月男女共同参画会議）という言葉で主張されるポジティブ・アクションがあります．これは男女平等が達成したとされる現在，女性をさらに引き上げるのは均等法違反ではないかというような反発（バックラッシュ）に対して，別名で進められようとしている現象だといえます．また反発（バックラッシュ）の嵐に向かって，世の中全体が立ち直り始めたということでもあると思います．わが国へのポジティブ・アクションの実効性ある実施のために有効だと思われる項目を記すことにします．

まず第一に，間接性差別を禁止する規定です．イギリスの「性差別禁止法」のように，直接性差別に加えて間接性差別を禁止する規定が必要です．男女の賃金格差などのように明確な性差別は直接差別ですが，女性の比率が圧倒的に多いパート労働の場でのさまざまな差別などは，間接差別と明言することによって，ポジティブ・アクションの対象として施策の踏み込みが容易になるために，ぜひとも必要です．

第二に，法的な整備だけでなく，企業のトップに対する説得や特別の研修などが重要です．まずはトップの決意が有効であるからです．

第三に，あくまでもポジティブ・アクションは，被差別グループに着目する特別な措置であり，これが機会均等を求める平等原則に抵触しないことを何度も機会あるごとに確認することが重要だと思います．

第四に，計画策定と実施です．従業員の就労実態を報告させる場合には，数年にわたって，女性の比率が少ないままの部局や部署がある場合には，その部局の構成員と十分に協議しながら，女性比率向上のためのポジティブ・アクション計画を策定し，実施しなければならないのです．その場合，どれだけの期間内でどこまで比率を向上させるのかという「目標とタイムテーブル」が設定されることが望ましいのです．その目標は，実現可能な数値でなければなりません．そのうえで，目標を達成する手段として，企業はさまざまな具体的な雇用管理の改善を行うことです．「自主点検表」の活用が考えられます．この自主点検表をさらに改善した詳細なマニュアルに基づいて，企業は，雇用管理や雇用方針のチェックを行い，積極的に改善に取り組むことを要請されるべきです．自主点検表のチェック結果もまた，公的機関に届け出ることが望ましいのです．

第五に，強制手段の是非についてです．ポジティブ・アクションの不履行に制裁を科すことは，かなり難しいことです．各企業がその履行に向けて「誠実に努力」しているかどうかを判断しなければなりません．そのための監督は容易なことではありません．当面は，モデルケースとなるようなポジティブ・アクション計画を実施する企業に対して，むしろ財源的な支援策を講ずるという，

プラスのインセンティブを与える方が効果的ではないでしょうか．このような一連の作業は，行政・自治体担当者だけではやりきれないほど，膨大なものです．NPOやシンクタンクなどとも共同歩調を整えることが重要でしょう．

第六に，わが国においては，世界各国で評価が分かれているクォータ制を導入するのは，十分な注意が必要であると思います．

第七に，わが国の特徴として，法制度が整備されない状況においても，労使やNPOや民間シンクタンクなどが力を合わせて，自発的にこのようなポジティブ・アクション計画の策定・実施を行うことは可能です．企業が人的資源を活用して経済効率を高めるために，ポジティブ・アクションを実施しながら，日本にもこのような動きが発展することを大いに期待したいところです．

企業での女性登用の加速

日本女性の国連による女性の参加度指数（GEM）は32位．政府が2020年までに女性比率を30％にというかけ声をかけていることもあり，女性の管理職目標を掲げる企業も出ています．例えば資生堂では，2000年から女性管理職比率の努力目標を定めました．女性社員は7割なのに，管理職が3％というのは低すぎるということで，現在20％以上に向かって進んでいます．女性の管理職資格者は十分いるし，実力も備わっているという好条件も重なっていたのです．またニチレイも2000年成果主義賃金導入の際，1％だった女性管理職を3年でまず5％にする目標値を定めました．98年度，史上初めて赤字になったことがかえってバネになって，収益増加のためには女性の登用しかない，と社長以下は危機意識を持って，固い決意をホームページなどで表面化させ，まず女性社員の中で専門職的管理職ポストを増やしていくことにしました．勤続8年以上なら大卒・高卒を問わず公募しました．登用予定人数も公開し，5％は達成されたということです．今後も実施している企業をよいモデルとして，成果を普及するとともに，企業全体として底上げするための指導や支援は，別途必要になるのでしょう．

第2節 世界の積極的平等施策

1 ポジティブ・アクションの施策上の位置づけ

雇用差別禁止立法の目標

　欧米諸国では，1960年代から80年代にかけて，人種や性別に拘わらず，すべての者に雇用平等を保障する雇用差別禁止立法が実現しました．アメリカの「公民権法第7編」(1964年)，イギリスの「性差別禁止法」(1975年)，イタリアの「労働における男女均等待遇法」(1977年)，ドイツの「職場における男女平等法」(1980年)，フランスの「男女職業平等法」(1983年)，オーストラリアの「性差別禁止法」(1984年)などが，代表的な法律です．これらの法律がねらいとしたのは，雇用における直接的・間接的な性差別の禁止でした．企業や労働組合が行う差別行為を禁止して，女性個人に平等な機会を保障すること，そして，女性もまた男性と平等に，能力や意欲に応じて評価されるシステムを確立することが，これら立法の目標だったといえます．

事実上の平等実現のための法技術

　ところが，どの国においても，実際には，雇用差別禁止立法の効果はかなり限定的なものにすぎなかったのです．法律が施行されて数年がたっても，ジョブ・セグリゲーション（職域分離）は解消せず，上級管理職は男性に占有され，男女の賃金格差もまた容易には縮小しなかったのです．なぜなら，企業が行う男女差別に規制が加えられても，企業を取り巻く社会全般においては，まだ構造的な差別が広く残っていたからなのです．性別役割分業意識によって，家事・育児は女性の仕事だとされ，職業教育や学校教育においてもなお男女格差が存在するかぎり，募集・採用から解雇に至る雇用差別を禁止したとしても，それだけでは男女平等は実際上，実現すべくもなかったのです．

　そこで，事実上の平等を達成するために考案された新しい法技術の一環とし

て，ポジティブ（アファーマティブ）・アクションが登場します．この定義は，「歴史的・構造的に差別されてきたグループ（人種・民族的マイノリティや女性）に対して・過去の差別がもたらしている弊害を除去して，雇用や教育などの基本的権利に関する機会均等を実質的に達成するためにとられる積極的措置・施策」と定義されています．ポジティブ（アファーマティブ）・アクションの特色は，①差別禁止の枠をこえて，事実上の平等を達成するための積極的な措置だということ，そして，②特定の個人よりも被差別グループに着目する措置だという点に，見出されるのです．

欧米諸国のポジティブ・アクションの概要

　国際機関や欧米各国のポジティブ（アファーマティブ）・アクションをめぐる政策および法制の概要をここでもう一度整理します．なお，アメリカ，オーストラリアは，アファーマティブ・アクションという用語を使っており，ヨーロッパ諸国ではこれをポジティブ・アクションと表現する傾向がありますが，名称によってその内容が異なるわけではないのです．カナダではアファーマティブ・アクションという言葉に代えて，近年，「エンプロイメント・エクィティ」という呼称を使っています．とはいえ，国際連合では1995年9月の北京（中国）での第4回世界女性会議の行動綱領の策定に際して，ポジティブ・アクションという用語への統一を打ち出しました．したがって今後は，ポジティブ・アクションという用語に統一されていくものと思われます．

2　国連や欧州連合（EU／EC）の場合

国連の女性差別撤廃条約

　国連においては，「人種差別撤廃条約」「女子差別撤廃条約」「女子差別撤廃委員会一般的勧告第5」「ナイロビ将来戦略」，「ナイロビ将来戦略の見直しと評価に伴う勧告と結論」が根拠となります．1979年の国連「女性差別撤廃条約」は，「男女の事実上の平等を促進することを目的とする暫定的な特別措

置」は差別ではないと規定し，同時に，これは，機会および待遇の平等という目的が達成されたときには廃止されるべきだということも明言しています（4条1項）．

女性差別撤廃委員会（CEDAW）は，1988年の第7会期で，各締約国に対して，「教育，経済，政治，雇用の分野への女性の統合を促進するために，積極的措置（positive action），優先的処遇（preferential treatment），割当制（quota systems）のような暫定的特別措置（temporary special measures）をいっそう活用する」ように勧告しました（一般的勧告第5）．

また，前述の通り北京で第4回世界女性会議で採択された行動綱領は，各国政府が「機会均等法規を制定および施行し，積極的措置（positive action）をとり，さまざまな手段を通じて，公共・民間部門による遵守を確保すること」を，「取るべき行動」として掲げています．

欧州連合（EU／EC）の取り組み

EU／ECは，「均等待遇指令」「1984年ポジティブ・アクション勧告」「ポジティブ・アクションのガイド」，第1次から第3次のアクション・プログラムが根拠となっています．1976年の「均等待遇指令」は，採用，昇進，職業訓練，労働条件等，雇用の領域全般の性差別を禁止しました．しかし，差別禁止だけでは男女平等が実現されないと気づき，1980年代以降には，加盟各国は，ポジティブ・アクションの実施に積極的に取り組んでいます．

EC法におけるポジティブ・アクションの根拠規定は，「均等待遇指令」2条4項（「本指令は，……女性の機会に影響を与える不平等を除去することによって男女の機会均等を推進する措置をとることを妨げるものではない」）です．本条によって，現存する不平等を「除去」する特別措置は，均等待遇原則には抵触しないとされています．

具体的には，1982年の「女性の機会均等促進に関する新共同体アクション・プログラム」（「第1次アクション・プログラム」）が，国家レベルの法的枠組みを持つポジティブ・アクションの展開の方針を示し，1984年に，閣僚理事会が

「女性のためのポジティブ・アクション促進に関する理事会勧告」を採択しました．さらに，1988年に，EC委員会は，ポジティブ・アクションを企業が導入するための「ガイド」を策定して，公表しました．

EC委員会のポジティブ・アクション導入のための「ガイド」

　この「ガイド」によれば，企業がポジティブ・アクションを実施するには，通常，四つの段階があります．①第一段階は「責任の表明」です．企業は，ポジティブ・アクション・プログラムを策定するという意思を内外に公表し，責任者（上級管理職）を任命し，事務局を置き，そこに労使代表，女性代表が参加する組織を作ります．②第二段階は「分析」です．全従業員の職位，職務，給与，勤務期間，学歴・資格，採用後の訓練，異動，昇進，男女比率を調査し，企業組織の「雇用概要の分析」が行われます．そして，男女の比率が偏っている部局や職務分野について査定が行われ，改善の必要性があるかどうかが指摘されます．③第三段階は「実行」です．まず，男女比率が偏っている部局や職務分野について，その職務に任用される者や研修受講者の中の女性割合を，いつまでに，どの程度増やすかという目標とタイムテーブルが設定されます．実際にその目標とタイムテーブルにそって，従業員構成の偏向を是正する方法は，さまざまです．例えば，潜在的に女性の数を制限することにつながっている職務表示や職務評価，外部からの採用人事，求人広告，選考手続き，面接，職務配置，昇進，訓練，労働条件，職場の雰囲気，家族的責任に対する支援措置などを，徹底的にチェックして，改善します．そのための細かいマニュアルがあります．④第四段階は「監視と評価」です．企業は，情報を公開して，どこまで目標が達成されたかという計画の進捗状況を常にチェックし，目標が達成されなかった場合には，その原因を見極めて，随時，プログラムを見直すよう求められます．

　EC「理事会勧告」には法的強制力はないのです．したがって，1984年の勧告にせよ，88年の「ガイド」にせよ，各国にポジティブ・アクション政策のモデルを示しているにすぎないわけです．具体的にどのように各国がこれを遂行

するかは，それぞれの国の国内法にゆだねられます．ただ，欧州社会基金によって，ポジティブ・アクションを実施する企業は，金銭的な援助を受けることができるため，この基金が，ポジティブ・アクションの推進に当たって，大きなインセンティブを提供しているのです．

3 ポジティブ・アクションの態様

二つの構成部分

雇用に関する各国のポジティブ・アクション法制を見ると，基本的にはいずれも二つの部分から構成されていることがわかります．

一つは，企業に対して従業員構成（雇用概要）の分析を義務づけ，それを通じて被差別グループの過少活用状態を把握させる部分．いわば「労働力活用状況分析」を要請する部分です．

もう一つは，労働力における特定グループの過少活用状態を是正するための具体的な計画の策定とその実施を要請する「計画策定・実施」の部分です．

労働活用状況分析を要請する部分

ポジティブ・アクションは，構造的・歴史的に差別されてきた特定のグループに着目して実施される措置ですから，計画策定の前提として，まず当該企業の被差別グループが過少活用状態にあるという事実が示される必要があります．アメリカでは，使用者が，各職務ごとに，被差別グループの従業員比率を近隣地域の当該グループ比率と比較して，過少活用状況を把握するよう要請されるのがこれです．

オーストラリアでは企業内のどこで，どういう仕事を男女がしているか，賃金等級における男女格差の状況など，人事管理上の制度や慣行における男女格差の状況分析が求められます．カナダでは，アメリカにおけるとほぼ同様に，地域や産業・職種ごとに指定グループの人数とその他のグループの人数の比率，賃金等級における指定グループとその他のグループとの分布状況，違い等を調

査・分析することが求められています．フランスでは「男女比較状況報告」の提出，イタリアでは男女従業員の現状を明らかにする報告書の作成・提出が，それぞれ使用者に義務づけられています．イギリスでは，過去12カ月という期間を限定して，女性が「皆無または比較的少数」であることが，法に規定されたポジティブ・アクション実施の要件となっています．

労働力における特定グループの過少活用是正の「計画策定・実施」

　ポジティブ・アクションのもう一つの部分は，労働力における特定グループの過少活用状態を是正するための具体的な計画の策定とその実施を要請する「計画策定・実施」です．この場合，従業員構成における「格差」是正のために，一般に数値を掲げた目標とその達成までの見直し（ゴール・アンド・タイムテーブル）を設定することが要請されます．そのうえで，この目標をタイムテーブルにそって実現するために，多様な手段が用いられます．

　具体的な手段としては，職務表示や職務評価，外部からの採用人事，求人広告，選考手続き，面接，職務配置，昇進，訓練，労働条件，職場の雰囲気，家族的責任に対する支援措置などの見直し・改善や，女性のみを対象とする訓練コース，啓発，再雇用前訓練，キャリアブレイク，デイケア，フレックスタイムの導入，出産規定の拡張，両親休暇，家族休暇，キャリアブレイク中の労働者と会社との連絡調整制度などがあげられています．

　ともあれ，多様なメニューの中から，企業は最も適切な手段を選択することになるのです．

制裁等の強制手段

　法制を設ける場合，多くの国は，ポジティブ・アクション計画の策定・実施を使用者に義務づけています．しかし，義務違反に対する制裁の対象となる部分は限定されています．「労働力活用状況分析」の義務づけ部分のみに制裁を科す国は，フランス，イタリアです．フランスは，「男女比較状況報告」の提出義務違反についてのみ制裁を定めており，イタリアも男女従業員の現状報告

の作成・報告義務違反についてのみ，制裁をおいています．

他方，「計画策定・実施」部分については，実施した計画の状況報告義務違反に制裁を科すことはあっても（カナダは罰則，オーストラリアは企業名公表），計画の履行自体を制裁を持って強制する国は少ないのです．計画の履行に対しては，むしろ，財政援助によってそれを奨励する国の方が多いように思われます（フランス，イタリア，EU/EC）．

計画の不履行自体に制裁を設けている数少ない制度として，アメリカの大統領命令11246号があります．しかしこの場合も，目標とタイムテーブルに示された数値の達成自体が問題とされるのではなく，あくまでもその数値達成に向かって「誠実な努力」が払われたか否かが審査されるのです．

イギリスのように，いっさい義務づけもせず，制裁も科さずに，企業の自発性にゆだねている国もあります．ただし，イギリスは行為準則において，詳細に，望ましいポジティブ・アクション・モデルを示しています．

対象部門・企業規模

ドイツは，ポジティブ・アクション計画の義務づけの対象を公共部門に限定しています．その他の国では，民間企業も対象とされていますが，総じて一定規模以上の企業に限定している国が多いのです．アメリカの大統領命令11246号は，50人以上の労働者を雇用する企業のみに適用され，カナダ，イタリア，オーストラリアでは，100人以上規模の企業のみが対象です．

EC委員会の依頼を受けて，1992年にアダムスとラインハルトがまとめた「ポジティブ・アクション導入の動機・障害とガイドライン」という報告書によると，ポジティブ・アクション実施の障害事由の一つとして，企業規模があると指摘されています．小企業は人的資源の確保に関心を払わず，組織改革や費用負担にも抵抗が強いので，ポジティブ・アクションの実施には消極的だからです．これらを見ると，わが国の立法政策としても，当面，一定規模以上の企業に対して「労働力活用状況分析」を義務づけ，計画の策定・実施を奨励することが望ましいと思われます．

第3節 企業の社会的責任としての女性の登用

1 企業の社会的役割の変化

企業評価の新しいモノサシ

　企業の社会的な役割が変化してきています．

　アメリカやヨーロッパでは，企業は儲けるためだけの企業であってはならない，社会的責任を果たしているかどうかで評価されるという大きな流れがあります．社会的責任という観点から女性の登用を検討する時期になっているのです．欧米企業では「企業の社会的責任」（Corporate Social Responsibility）という考え方が経営やマーケティングの課題になっています．

　企業にとってこれまでは直接収益につながらないと考えられていた環境や社会的責任への配慮が，逆に他社との「違い」として競争力になる時代です．企業の社会的責任とは，利益だけを追求するのではなく，企業に関わる人たちの価値観に即した活動をする，という意味です．企業には経済的役割と同時に「社会的役割」を果たすことが求められているのです．

競争に勝つ企業とは

　この「社会的責任」にどんなものがあるかというと，例えば安全な商品やサービスの提供をはじめ，従業員の働きやすい環境の整備や情報公開，不正の回避，地球環境・社会への貢献などが含まれています．特にアメリカでは「社会的責任を果たす企業の方が，競争に勝つ」ことが証明され始めています．その社会的責任の一つにマイノリティとしての「女性」の登用（能力発揮）や雇用の男女平等があります．女性が職場で対等な処遇を受けているということが，「その企業が社会的責任を果たしている」ということなのだという常識が通用するようになってきました．女性が職場で対等な処遇を受けている，そんな企業が評価される健全な市場になれば，「企業も企業を取り巻く人々も幸せにな

る」というのが企業の社会的責任論の主張です．

CEP 経済優先研究所の7項目

　いい評価を受ける企業の指標として，ニューヨークの企業の格付け組織 CEP（Council on Economic Priorities）経済優先研究所が次の七つをあげています．
　　①情報公開が徹底的に行われる．
　　②環境保護が企業の中で全うされている．
　　③女性が働きやすくなっている．
　　④マイノリティが働きやすくなっている．
　　⑤NPO,NGO，地域に寄付行為をしている．
　　⑥ワークライフバランス，生活と仕事の両立を重視している．
　　⑦労働環境へ配慮している．
というものです．
　企業は，社会的に評価されるような活動をしないと良い評価を得られなくなってきたのです．女性やマイノリティが働きやすい企業だと評価されるには，ポジティブ・アクションやアファーマティブ・アクション，クォータ・システムを実施していかねばならないわけです．

米国における「企業倫理」の背景

　米国における企業倫理興隆の背景について考えてみると，米国において企業倫理の必要性が明確になったのは1970年代のことです．企業倫理興隆の背景には以下のようなことがあります．社会環境の変化，例えば規制緩和，企業の影響力の増大，グローバリゼーション，多様性の進展，環境問題に対する関心の増加，女性の社会進出，消費者の声，NGOなどなどが一般的です．しかし，もう一つの視点は，企業不祥事の発生とそれらの再発防止プログラムとしての企業倫理の確立といった観点があります．アメリカの企業倫理の発展は不祥事とそれに対する対策の積み上げであったと考えて差し支えないのです．
　これらの会社では，創業以来ビジネス上，正直で正しいことをするという考

2 企業の社会的責任と人権

企業の社会的責任の三項目

　企業の「社会的責任」というのは，自らに課せられた使命という意味ですから余力ができたら実行するという意味がある社会的貢献ではないのです．企業の社会的責任は三つの部分から構成されています．企業が法律を守ること，企業倫理にしたがったビジネスを行うこと，そしてフィランソロフィ活動を進めること，この三つです．歴史的に見れば，企業の活動はすべて自由に行うべきで，制約を課すべきではないという考えが強かった時代があったのも確かです．しかし，企業の自由な活動が独占という弊害を引き起こすようになると，独占禁止法という形で企業行動に規制を加えることの必要性が出てきました．企業活動に対する法的規制は，やがてそこで働く人々への保護という範囲におよぶようになりました．賃金や労働時間をはじめとするさまざまな労働条件に関してです．さらに男女の平等やマイノリティの雇用の確保などの人権的側面が法律的側面に加えられるよう求められるようになりました．現在，企業が守るべき法律の中では，雇用の平等に加えて，環境の保全や消費者の保護といったものも含まれるようになっています．人権を含んだ法律を守ることが，企業の社会的責任の第一歩なのです．

改正男女雇用機会均等法とセクハラ

　1999年4月から改正男女雇用機会均等法が施行されました．この中ではセクシャル・ハラスメントについて具体的に防止策などが定められています．残念ながらまだ処罰規定がなく，事業主の配慮義務として表現しただけですが，進歩であることは間違いありません．セクシャル・ハラスメントの相談窓口を設置する企業も増えてきています．2007年からは男女とも対象にします．男女雇用機会均等法（指針）で求められている「事業主の配慮義務」としてのセクシャル・ハラスメント防止策は，

　1）事業主の方針の明確化およびその周知・啓発

2）相談・苦情への対応

3）職場でセクシャル・ハラスメントが生じた場合の事後の迅速かつ適切な対応

以上の三項からなっており，これらはまさに企業倫理で求める仕組みそのものです．したがってセクシャル・ハラスメントに関しては，人事部に相談窓口を設け，倫理に関しては倫理オフィスを設置するなどといった無駄な仕組みにするのではなく，両方をあわせて1本化すればよいのです．またセクシャル・ハラスメントに関する方針なども倫理綱領の中にうたえばそれで十分に機能を果たすはずですが，実際のところそれがなかなかできません．

セクハラは企業倫理上の問題

米国三菱自動車のセクシャル・ハラスメント（セクハラ）事件（1998年）が大きく取り上げられ，日本国内においても，その後数年の間に数十件のセクハラ関係事件が係争中あるいは原告勝訴になったりしております．ここで重要なことは，セクハラの問題というのは単に「職場における性的ないやがらせ」の問題としてとらえるだけではなく，企業倫理上の問題の一環として位置づけねばならないということです．企業倫理というのは，企業不祥事に見られるように，企業組織あるいは，そこに属している従業員による非倫理的な行動を防止するためのプログラムを意味します．

企業倫理の定義は，「職場においていろいろな関係者〔社員のみにかぎらず，業者，顧客などすべて〕とのあるべき関係」としています．そして，「人間の尊厳」，つまりお互いを尊敬し，あるいは敬愛するということが基本になります．また，すべての人間関係において，誠実であること，正直であること，公平・公正，信頼関係などを大切にしなければならないのです．このような観点からすると，本来，職場を同じくし，お互いを尊敬あるいは敬愛している職場の人間同士の間に，セクハラのような問題が起きるはずがないというのが本来の姿であるはずです．

日本ではこれまで「男社会」といわれてきました．家庭にあっては，男性は

妻のことを指して「家内」といい，女性の側も夫のことを指して「主人」と呼んで不思議とも思わないのが一般的でした．会社にあっては，女性従業員を指して，「女の子」とか，あるいは部下に対して「〇〇君」といった呼び方をすることは，人間としての尊厳を理解していないからに他ならないのです．互いの名前を「さん」づけで呼び合うのが原点ではないでしょうか．これを実行するだけでもセクハラ問題はだいぶ減るのではないでしょうか．これは，今後の企業社会にあってはますます重要になると思われます．

セクハラと企業の生産性

　経営の観点からはセクハラ行為は法律に反するだけでなく，生産性の阻害要因になることが問題なのです．セクハラやその他倫理上の問題が発生するということ自体が職場の環境を損ない，生産性の大きな阻害要因になることは論をまたないところです．またこのような受身の考えではなく，積極的に「個の違い」，つまり多様性を戦力として活かしていくことにより，市場での勝利が得られるのではないでしょうか．セクハラの問題の解決にはこれを企業倫理のプログラムに組み込むのも効果的です．

　倫理プログラムは一般的に，1）倫理綱領，2）綱領などの考え方の社員に対する啓蒙活動，3）教育・訓練，4）フォローアップといった四つの要素から成り立っていますが，セクハラについて，その会社の考え方や防止に対する決意などを倫理綱領などに盛り込み，全社員に徹底し，教育を行い〔何がよくて，何がいけないのか〕，そして問題をフィードバックする仕組みを作ることが重要です．そうすることによって，全社員が協力して問題を未然に防ぎ，あるいは不幸にして起こってしまったときに公正な解決をし，かつ会社にとっても被害を最小にする環境を整えることができるのです．

3　企業の社会的責任投資

　従来の投資に社会的責任というアプローチを取り入れ，企業には新たな資金

調達を可能にし，投資家にも財産形成をさせるものです．よりよい投資はよりよい未来をつくるといわれるように，資本市場の原理を利用しながら世界の環境をよくし，直面する重要課題に企業が解決する側に立てる枠組みを作るなどして，世の中を変えていくのです．

　手法としてはまず，さまざまなステークホルダー（stakeholder：顧客・従業員・株主・コミュニティ・労働組合・NPO・自然環境など）から企業の影響力を評価し，環境や人権など社会的・倫理的な基準に関しての企業の基本方針を精査し，その方針にどう取り組んでいるかを調査します．次いで専門調査会社が「従業員対象」「環境対策」「地域社会対策」「経済・倫理対策」などの分野を同じ比重で評価し，総合判断します．この評価分野は，「社会的に責任がある」という概念に柔軟性があり，年代・地域によって違いますが，大きくはこの4つです．

　最近この基準に「女性の活用度や働きやすさ」を加える動きが急激に起こっており，ここ数年でにわかに主流になり，現在ではほぼ全てのファンドで女性基準が設定されています．

　こうしてSRIの対象にふさわしい企業を選定し，次いで投資信託会社が調査結果をもとに財務の健全性などを参考にしてファンド（投資信託）を組みます．発売されたSRIファンドを，社会責任を果たそうとする企業を応援したい投資家（社会的責任投資家）が購入し，企業に資金をもたらすのです．

　SRIは日本では認知度が未だ低いのですが，グローバルな規模ではめざましく拡大しつつあります．米国ではこの20年でほぼ10倍になり，欧州ではSRIファンド数も200を超え急拡大しており，カナダ・オーストラリアでも同傾向です．わが国でもエコ・ファンドが環境保護運動の広まりの中で注目を集め，社会貢献型のSRIファンドもスタートし，市場では一定の評価を得ています．企業の社会的評価の基準（クライテリア）を国際的に統一しようという動きもあり，グローバルスタンダードとして日本の企業にも突きつけられる可能性があります．

第4節 女性に開かれたシステムを持つ企業評価

1 アメリカのカタリストの場合

カタリストの人材育成

　米国にあるカタリストという組織があります．1962年設立したカタリストは，設立当時は女性の失業者や再就職の支援をしていたのですが，現在では，企業で取締役や社長の女性比率を高めるため企業へのコンサルやトレーニングをしており，理事のメンバーはフォーチュン500社に入っている280社です．

　そもそもアメリカのNPOが高度な人材育成が可能な理由として，二つのことがいえると思います．一つはアメリカでは，学生も含めて自らのキャリア設計と経歴を積み上げることに人生の意義を求める傾向が高く，日本ほど安定雇用に意味を求めないということがあります．自分の人生設計の中に，一時期NPOでやりたいことをやって力をつけることの意義が大きいのです．

　二つ目に，あらゆる組織で「平等」ビジョンが基本になっているということです．NGO,NPO組織においても，才能や能力を自由に発揮することで，すべての人がその組織でのびのびと幸福を追求できる環境をつくることが最も重要だという原則があります．具体的には，性や人種にとらわれない，職務に対応した能力評価と賃金システムの確立が当然という前提があることです．

カタリスト賞

　カタリストは，カタリスト賞という優れた人材育成を行った企業を表彰しています．以前のカタリスト賞は，優れた女性を表彰していたのですが，1988年からは，優れた女性たちを育成した企業を表彰することになりました．つまり企業の変革を実現した「女性に開かれたシステムに変える」企業を表彰するようになったのです．

　カタリスト賞は，女性の採用・能力開発，昇進において革新的な方法に取り

組む企業を表彰します．この活動を通じて，企業社会に女性活用の成功例（ベストプラクティス）を紹介し，それが女性にとっても，また企業にとってもよいことだと理解してもらうことを目指しています．またカタリスト賞は，女性活用の理想を追求するのではなく，米国で最も利益を上げている企業において，うまくいった代表的な例を紹介することにあります．女性の職場進出とは上から与えられ，魔法のように実現できるものではないのです．問題解決を急ぐあまり，男女比率の平等化などは一気にやろうとしても無理なのです．男女平等の職場環境づくりを企業全体の事業計画の一部として，現実問題をはっきりさせ，きちんと認識することが先決です．カタリストでは，計画的に改革を進めることを勧めています．現在企業が直面している男女平等の課題は，女性の全面的な社会進出がなかった時代にできあがった企業構造やシステムに由来していました．多くの業界や企業において，保守的な企業風土のもとで組織的かつ柔軟性に欠ける職場環境が，時代遅れの行動を助長してきました．女性が昇進するうえで，過去との違いを認めようとしない職場環境は障害となっているのです．

賢い企業であれば，最大現に幅広く能力を活用することが，いかに重要であるかを認識するようになっています．こうした企業は，採用からキャリア形成，仕事上の相談に至るまで一貫した戦略を持ち，経営トップが率先して取り組み，改革を進める責任を明らかにしています．

カタリスト賞20年の成果

1986年に革新的ベスト・プラクティスとして賞を受けた取り組みは，2000年現在では多くの企業で，ごく当たり前の慣行となっています．カタリストの希望は，カタリスト賞を受けた取り組みを他の企業でも実践してもらい，すべての企業に女性の昇進の障壁を取り除く努力を続けてもらうことなのです．

カタリスト賞授与プロセスは，丸1年かかります．まず毎年4月に，候補者指名のための資料をフォーチュン1000社や大手の専門業種の事務所に送り，6月に，各企業・事務所が自薦により受賞候補者として名乗り出ます．カタリス

トの複数部門の代表者から成る選考チームが，それぞれの候補企業を検討します．その後，チームのメンバーは各社と電話インタビューを行い，電話インタビューに合格した企業については，現場訪問の予定が組まれ，最終選考となります．カタリストのチーム・メンバーが，最終選考に残った各企業を訪れ，数日間をかけて，CEO（最高責任者）や高い役職にある女性を含む，すべての職階・部門の従業員に聞き取り調査と，フォーカス・グループの調査を行います．受賞企業の発表は1月に行われ，その後，カタリスト賞授与式ディナーパーティの準備が始まります．

2　欧州の場合

欧州の「社会的責任投資」

　環境や人権などに配慮する企業を資金面から応援するSRI（社会責任投資）は，欧米では急成長しており，女性を積極的に活用する企業をSRIで応援する動きも出ています．

　SRIとは，まず専門の調査会社が，各企業が環境，人権などについてどんな基本方針を掲げ，どう取り組んでいるかを調査し，SRIの対象にふさわしい企業を選びます．次に投資信託会社が，この調査結果を元に財務の健全性などをも参考にしながら，ファンド（投資信託）を組みます．そうして発売されたSRIファンドを，社会責任を果たそうとする企業を応援したい投資家が購入します．欧州15カ国（ポルトガル，ギリシャ，アイルランドをのぞく欧州連合12カ国とノルウエー，ポーランド，スイス）のSRIファンドの規模は現在，151億ユーロ（約1兆8000億円）．投資信託市場全体に占める割合はまだ小さいですが，伸び率は大きいといわれます．前出の15カ国では，1999年半ばから2001年末までの1年半の間にSRIファンドの総資産額は40％も増えたのです．

　中身にも顕著な変化が見られます．企業を選ぶ基準の一つに「女性の活用度や女性の働きやすさ」を加える動きが大きいのです．ここ数年でにわかに主流になり，現在ではほぼすべてのファンドで，女性基準が設定されています．

女性基準を重視するようになった背景には二つの理由があります．一つは，差別撤廃の視点からです．SRI は通常，宗教差別や人種差別への取り組みも対象となりますが，女性差別も含めて，これまで差別されてきたグループの社会参加を，法制面だけでなく企業活動の側面からも支援しようという社会的合意が高まってきたことがあります．もう一つは，人的資源の有効活用の視点です．働く女性が能力を発揮できなかったり，仕事に対する満足感が得られなかったりするのは，企業が人的資源を活用できていないことを意味し，経営の失敗に当たります．出生率の低下で，女性労働への依存度は高まっているのに，仕事と家庭のバランスを考慮しない企業では女性は働き続けることができず，企業は優秀な人材を失っているとみなされるからです．

では，「女性」は企業評価の中でどれくらいの比重を占め，実際の調査ではどんな項目をチェックするのでしょうか．

エティベル社（ベルギー）の場合

一般的に欧州といっても漠然としていますので，筆者が実際訪れた欧州の企業格付け会社の場合を報告することにします．

エティベル社では評価分野を大きく四つに分けています．「従業員対策」「環境対策」「地域社会対策」「経済・倫理対策」です．この四分野を同じ比重で評価し，総合判断をします．女性項目は従業員対策分野に含まれます．

従業員対策分野には全部で27の調査項目を設けていますが，うち約3割に当たる8項目が女性関連項目です．質問の主な中身は，差別禁止の方針や具体的な取り組み状況で，調査からあぶり出そうとしているのは，外部からは見えにくい女性に対する「間接差別」（一見して差別はないように見えますが，実態や結果に差別があるというもの）の実態です．例えば，女性が大半を占める雇用形態や職種ではないか，女性を各種の研修や福利厚生の対象外にしていないかなどを，質問を通じて見極めます．親会社と子会社の制度や実態の違いにも目を光らせ，企業グループ全体としての姿勢も見るのです．

最終的な評価は四分野の総合ですが，一般に，女性項目で高い得点を得てい

る企業は総合評価も高い傾向があります.

　また，SRIで常に問われるのはファンドの金融商品としての側面です．目的は立派でも運用成績が悪いようでは投資活動は長続きしません．欧州で販売が好調なのは，投資家が長期保有を目的とした他の投資商品と比べてそん色ないと判断しているからでしょう．企業は一朝一夕で変わらないが，SRI市場が拡大し続ければ，職場での機会均等をいっそう推進する力になると期待されています．

　このように欧州では，企業の倫理的評価より，環境への取り組みと，従業員・労働者の権利に集中している印象を受けますが，労働者の社会保障制度が充実していることと，労働市場の流動性が低いことが関与していると思われます．

イーコムリサーチ社（ドイツ）の場合

　社会責任投資に関する調査・分析では，アメリカは社会倫理の比重が高く，ドイツ・ヨーロッパでは環境の比重が高いといわれます．イーコムリサーチ社はその意味では典型的なドイツの調査会社で，環境と社会倫理に対する評価指標を使って，ドイツ証券取引所上場企業を中心に世界の企業の格付けを行っています．イーコム社のリサーチャーは次のようにいいました．

　「21世紀のサステナブル（持続可能）な地球の主役となる企業を探し出して，700社以上の企業情報を投資家やファンドマネージャーなどに提供しているといいます．提供手段は自社刊行物とインターネットを使い，だれでも手軽に入手できるように工夫しています」と．

　その通り，調査企業の概要データはホームページで公開され，企業プロフィール，企業評価，業界レポートは購入可能なオンラインショップから手に入る仕組みになっています．

　会社のルーツは，1980年代で，環境問題の解決のために企業の透明性を高めようと活動するNGOです．活動の中で，企業との対話やコミュニケーションの重要性に気づき，対立関係でなく問題解決に効果的な方法として，「企業の

格付け」に着手しました.1994年のことです.

　当初,同社は環境問題に関してのみ評価を行い,企業の財務内容については関与していませんでした.しかし,環境問題に関しては大変優れている企業が収益は高くないなどの難点がありました.そこで1999年から社会倫理,雇用の問題も取り上げて,評価するようになりました.

　企業評価は五段階で進められます.まず,企業データの評価(年次報告書と社会的報告書),次に二次的な資料(印刷物や新聞報道など)による調査研究,その後,詳細な企業へのアンケート調査,従業員からの聞き取り調査,外部の独立した専門家による研究調査を行います.

　最初に企業の全般的な活動内容,売上高,従業員数,製品,サービスなどをチェックします.外国での拠点や企業活動状況も聞きます.その際にアルコール,原子力エネルギー,農業に関する遺伝子工学,ギャンブル,武器,ポルノグラフィ,タバコに関わるビジネス行動についても調査しています.これら環境に関する調査項目が100項目,社会的倫理的分野に関する項目も100項目あります.

●経営管理(マネージメント)の評価については,企業の理念や目標が経営管理にどの程度組み込まれているか,ヒアリング調査に答えた代表者たちの役職,監査の方法について,経営管理プログラムおよび結果報告をどのように行っているかなど.

●従業員との関係については,国内の従業員の割合や立場,海外の従業員の現地採用の状況,地域や国の法制度にどのように適応しているか,従業員の労働組合加入率や労働組合との具体的関係など.労働時間はILO標準に対してどうか.1日／1週間の労働時間数や時間外勤務の状況と取扱い,パートタイム勤務やフレキシブル勤務の制度と実態について,休日,労働時間に影響を与える文化的問題の取り扱いについてなど.

●雇用安定に関しては,解雇通告の時期や労働市場の変動にどう対処しているか,大量レイオフを行っているかどうか,臨時雇用の従業員と正社員の比率など.

- 労働条件・人材活用については，配置転換，職務内容や変更の程度，継続的な専門技能開発プログラムの実施状況（プログラムの種別やだれにどんなプログラムを行っているかなど），組織全体として人材活用を考えて行っているかなど．
- 報酬については，経営陣以外の従業員に対して利益分配を行っているか，年金制度の実情，健康保険と病欠時の給与の支給状況，賃金レベル（業界の平均賃金と比較した未熟練労働者の賃金レベル），外国支社では異なる賃金体系を使用しているか，無給労働（研修中の労働者に対するもの）の状況について，パートタイム労働者とフルタイム労働者に対する均等な処遇を行っているか，賃金支払い期間や支払い方法の選択肢があるかなど．

社会的責任がある企業像

　以上は従業員全般のことですが，男女やマイノリティの雇用努力の位置づけについても，社会的にも政府レベルでも重要課題とされています．女性の就業率は日本よりは高いものの，マネージメント・レベルにいる女性の割合はドイツは欧州でも低いのです．女性の職場進出を促進するうえで各国政府の取り組みはさまざまで，産休を終えた女性の職場復帰の阻害（産休中の解雇や職場・職務変更）を罰金で禁止したり，トップ・マネージメントへの指名をする場合には，候補者を男女同比重で推薦する義務のあるデンマークや北欧の国から，罰則や数値目標を設けず企業の指導にとどまる国もあります．しかし，男女両方の仕事条件をフレキシブルにすることにより家庭と仕事の両立を促すように企業に法整備をしていくというのが欧州では主流なのです．

　企業の社会責任を問うとき，欧州では政府，一般市民，企業の全レベルで論議が展開されます．年功序列のもと従来従業員に手厚いと言われてきた日本企業の人事政策ですが，人員削減，雇用形態の変化（有期やパート雇用，海外進出先の現地雇用の増加）と失業率の上昇に直面した今，社会責任投資というツールが投資家や年金契約者の中で根付いていけば，市民社会の成熟へ一歩を踏み出せるのではないでしょうか．

3　日本の場合

社会的責任としての「女性差別の禁止＝女性の登用」

　わが国でもようやく，女性の雇用者比率は4割になりました（総務庁統計局2000年7月）．しかし，長期にわたるキャリアを築く女性はまだまだ少なく，管理職の比率も低く推移し，男女雇用機会均等法の制定以降も大きな変化はないと嘆きの声が聞かれます．こうした現状をふまえて，企業の社会的責任の中に，女性を含む従業員の「働く環境」項目を中心に企業評価基準を作ってみようと筆者のグループも考えました．というのも，このような社会のニーズは年々強まっているからです．

　今，企業の社会的な役割が変化してきており，社会的責任という観点から女性の登用を検討する時期になっています．欧米企業では「企業の社会的責任」（Corporate Social Responsibility）という考え方が経営やマーケティングの課題になっていますが，これは企業にとって，これまでは直接収益にはつながらないと考えられていた環境や社会的責任への配慮が，逆に他社との「違い」として競争力になる時代だからです．特にアメリカでは「社会的責任を果たす企業の方が，競争に勝つ」ことが証明され始めています．その社会的責任の一つにマイノリティとしての「女性」の登用（能力発揮）や雇用の男女平等が込められています．女性の職場での平等を含んだ「社会的責任を果たしている企業が評価される健全な市場になれば，企業も企業を取り巻く人々も幸せになる」というのが企業の社会的責任論の主張です．

女性に「優しい企業」評価ではなく

　国際シンポジウム「アメリカ勝ち組企業に学ぶ」（2000年1月）の開催後，「アメリカでは女性登用が進んでいる企業ほど業績もいいのはわかったけど，日本の実態はどうなの？」と質問されることが多くなりました．『週刊朝日』の依頼で，《徹底分析女性に優しい企業100社》（2001年3月9日号）という特集記事に協力したのを機に，女性が働きやすい企業の指標づくりを始めました．

週刊誌の女性に優しい指標には五つの項目がありました．第一に「機会均等度が高い」，第二に「女性管理職を積極的に登用」，第三に「育児介護などへの支援がしっかりしている」，第四に「セクハラ対策を強化している」，第五に「女性にうれしい施設・設備がある」の五つでした．調査結果は，おおむね女子学生の人気企業ランキングの順位と一致していましたが，旅行や趣味を仕事にという「イメージ型企業」を志望する傾向のある女子学生の企業評価とは，若干異なるところがありました．しかし，「女性の積極的活用」を評価する企業が上位になるという傾向は同じでした．ただ，筆者は「女性に開かれたシステムを持つ企業」という評価基準を提案しています．「女性に優しい」企業という場合は，女性に甘いという意味がありそうで，「公平で女性が力を発揮できる企業」というポジティブなイメージになりにくいからなのです．また，女性が実力で企業経営に関わる「参画」ではなく，男性が占めているところに「参加」するという域を出ないイメージがあります．これでは，「エレベータへどうぞ」と手招きされているのと同じなのです．企業の社会的責任としての女性の登用を測る基準としては，「どこまでも女性に開かれたシステムを持つ（ガラスの天井がない）」企業とか「ジェンダーバリアのない」企業の評価基準でなければならないと思うのです．だから「女性に開かれたシステムを持つ企業」を評価するという基準をもうけることにしたのです．

ファミリー・フレンドリー企業と女性の能力発揮

　女性の勤続年数の短さ（2003年女性9.8年，「女性雇用管理調査」）や子育てと継続就業のあまりの困難さゆえに，女性の能力発揮に，仕事と家庭の両立を支援すること（ファミリー・フレンドリー）こそ最大の課題であるといわれます．継続就業の決め手として重要であることはもちろんですが，女性が仕事をあきらめるのは「仕事に対する充実感のなさ」や「やりがいのなさ」なのです．女性は退職する時点で，ほとんど入社したと同じ職階でやめていきます．企業側が「やめるかもしれない」という潜在意識から登用も教育研修も行わないとすれば，これでは女性の能力を有効活用していないし，女性の意欲を無視してい

ると思います．ここでは，新しい視点として両立支援は重視しながらも，両立支援よりも，「均等度（女性に開かれている企業組織）」を企業の評価基準としてより重点を置きたいと思うのです．女性社員には新しい期待感が生まれるし，勤続10年の間にできる専門職登用や中間管理職育成を始めることだと思います．中途採用で中堅女性社員を増やすことも早道ではないかと思います．

　企業評価の基準に「ファミフレ（ファミリー・フレンドリー）度」より「均等度」を重視したいと思っているのです．法的整備に重点を置く行政や自治体が実施する評価ではなく，NPOの女性と仕事研究所が実施するのですから，「女性に開かれた組織を持つ企業」を評価するという意味で「均等」にウエイトを置きたいのです．

第5節　ダイバーシティ・マネージメントの方向性

　2002年5月，日本経営者団体連盟は「原点回帰－ダイバーシティ・マネージメントの方向性」という報告書を出しました．ダイバーシティは日本語にすると「多様性」．つまり多様な人材を活かす戦略ということになります．従来わが国では，企業や社会での画一的な規範や制度が重視されてきましたが，それは本来，多様な属性（性別・年齢・国籍）である人材を一定の方向にむりやり枠をはめてきてしまったのかもしれないのです．具体的には，「男は仕事，女は家庭」に代表される性別役割分業制度を企業にも取り込んでしまいました．そしてこの性別役割分業を中軸に，日本人男性をモデルとする人事制度，雇用慣行が実施されてきましたが，経営環境の大変化とともに，働く人の就業意識の変化，ワークスタイル，ライフスタイル，消費者動向の変化など，あらゆる変化の時代を迎えるに至り，企業の雇用慣行も変化を余儀なくされています．

　具体的には，ポジティブ・アクション制度，メンター制度などで，従来活かされてこなかった女性の能力を引き出し，能力を発揮させることや，短時間勤務制度やワークシェアリングといった，男女ともに仕事と家庭のバランスが取れるような働き方を模索することなどが重要課題となってきています．自発的，

自立的キャリア形成が可能になるような支援をすることも重要になっています．このような個人と企業のニーズを有機的に結びつけ，企業の成長と個人の幸せを実現する時代を迎えようとしているのです．

　男女のイコーリティーが充足してから，あらゆる人種，肌の色というように範囲が広がってダイバーシティ概念に到達したアメリカと比べると，わが国では，イコーリティーが実現していないときから，早くもダイバーシティはややもすると女性の平等が取り残されるおそれを感じないではない感があります．しかし，これを機に女性も自己管理，自己責任をとるという意識変革を自らに課し，「自分を生きる」人生を謳歌したいものです．

第4章 ワークシート

①私のアクションプラン

氏　名　_____

私の目標とする生き方（仕事上で理想とする姿）

3年後のキャリア目標（伸ばしたいスキル，身につけたいスキル，知識，技術など）

アクションプラン（そのために行うこと）
1年後
2年後
3年後

そのための行動として

1
2
3
4
5

©女性と仕事研究所

②育成・教育訓練に関するチェックリスト

	項　　目	yes・no 1・2
1	上司・管理職は，女性も男性も同じように育成するというスタンスで仕事を与えていますか	1・2
2	上司・管理職は，女性に対しても，仕事の意味の説明やミスに対する的確な指導をして，日常業務を通じて社員の育成に努めていますか	1・2
3	女性を一人前の社員と見なさず，甘やかしたり，遠慮から過保護にしていませんか	1・2
4	これまで補助的業務を担当し，限られた領域での経験しか積んでいない女性社員に対しても，業務の担当を広げる等の育成努力をしていますか	1・2
5	女性を会議，打ち合わせ等から除くなど女性に不公平感や疎外感を感じさせているようなことはありませんか	1・2
6	担当業務上の出張（国内・海外とも）でも女性の場合，男性が代わるということはありませんか	1・2
7	女性のことは女性に任せるという考えで，女性を指揮するのはもっぱら女性の管理職が担当していませんか	1・2
8	中間管理職等に対して，女性の育成についての研修を行っていますか	1・2
9	教育訓練について，対象者すべてに情報が行き渡るようにしていますか	1・2
10	教育訓練について上司等の推薦が必要な場合，男女差別なく推薦するよう上司に指示を徹底していますか	1・2
11	従来男性のみが参加していた研修に，女性がはじめて参加する場合には，何人か女性をまとめて参加させるなど，参加しやすい環境を整えるようにしていますか	1・2
12	女性を女性の少なかった職務分野に配置する場合，その職務を遂行するのに必要なことがらを修得できるような準備の過程を設けていますか	1・2
備考		

Ⓒ女性と仕事研究所

③ネットワークチェックリスト

自分がどんなネットワークをもっているか，氏名と所属，その人の強い分野を書き出してみましょう

1）仕事のネットワーク　　　　　　　　　　　計　　　人

氏名　・　所属	強い分野
例：山田太郎　　（株）〇□広告	編集，印刷，Web制作

2）家庭，血縁のネットワーク　　　　　　　　計　　　人

3）地域のネットワーク　　　　　　　　　　　計　　　人

4）趣味のネットワーク　　　　　　　　　　　計　　　人

5）友人や学校時代からのネットワーク　　　　計　　　人

6）その他のネットワーク　　　　　　　　　　計　　　人
顔の広い人，面倒見のいい，法律に詳しい，英語が得意，運動神経のいい，パソコンに強いなどなど

Ⓒ女性と仕事研究所

④あなたの会社の「女性に開かれた企業」チェックシート

1 女性にどのくらい開かれているかの数値 …………………… ／20点
　1) 女性正社員比率が全社員の何割ですか
　　　1割以下　1〜2割　2〜3割　3〜4割　4割以上
　　　　1　　　　2　　　　3　　　　4　　　　5
　2) 女性管理職（課長以下）と女性正社員比率
　　　1割以下　1〜2割　2〜3割　3〜4割　4割以上
　　　　1　　　　2　　　　3　　　　4　　　　5

　　　　　　　　　　　　　　　　　　　　　　　　　　　はい　いいえ
　3) 女性の採用や人材確保に積極的か　　　　　　　　　　　2　　　1
　4) 女性社員のキャリア開発に積極的か　　　　　　　　　　2　　　1
　5) 女性社員の昇進に具体的実践がされているか　　　　　　2　　　1
　6) 評価や給与体系の改善整備をしているか　　　　　　　　2　　　1
　7) ポジティブ・アクションの取り組みをしているか　　　　2　　　1

2 課題と目標を達成するための8つの基準 …………………… ／80点
　第1基準　女性登用のポリシーやビジョンがあり，責任をとる体制がある
　　　　　（　1　2　3　4　5　6　7　8　9　10　）　　　　10点
　第2基準　女性登用のためのプログラムがあり実施している
　　　　　（　1　2　3　4　5　6　7　8　9　10　）　　　　10点
　第3基準　職場の男女平等の進捗状況（目標値設定など）を定期的にチェックしている
　　　　　（　1　2　3　4　5　6　7　8　9　10　）　　　　10点
　第4基準　仕事と生活を両立させるプログラムがある（育休など）
　　　　　（　1　2　3　4　5　6　7　8　9　10　）　　　　10点
　第5基準　男女平等でない評価や給与体系の改革をしている
　　　　　（　1　2　3　4　5　6　7　8　9　10　）　　　　10点
　第6基準　女性社員の社内外でのネットワークができている
　　　　　（　1　2　3　4　5　6　7　8　9　10　）　　　　10点
　第7基準　女性の昇進に障害となる社風や職場環境を排除している
　　　　　（　1　2　3　4　5　6　7　8　9　10　）　　　　10点
　第8基準　非正規労働者に関し，同業他社より優れているところがある（例▶残業がない，不安定社員が少ない．福利厚生の正社員とのギャップが少ないなど）
　　　　　（　1　2　3　4　5　6　7　8　9　10　）　　　　10点

合計点	／100

©女性と仕事研究所

おわりに

　私の活動母体である「女性と仕事研究所」は，立ち上げからちょうど10年を迎えました．この間，最も鮮烈な印象として残っているのは，アメリカのNPO組織カタリスト（Catalyst＝触媒；1962年設立，本部はNY）の活動を具体的に知ったことです．文献上では80年代から知っていましたし，興味を持ってオフィスを訪問したこともありましたが，その活動の重要性が本当にわかり始めたのは，21世紀も近い頃でした．

　カタリストは設立から20年ほどの間は女性の再就職の支援活動をしていましたが，専業主婦という言葉が消え，ガラスの天井を突き崩すための政府機関が機能し始め，管理職の女性が4割を越え始めた1980年代後半から，活動の方向を企業の女性登用・昇進支援に方向転換したのでした．

　2000年3月，私は女性の昇進・登用を進めた企業を表彰するカタリスト賞の受賞パーティに招かれました．会場はセントラルパーク近くにあるアンティークなアストリアホテル．2・3階にテラスがあり，華やいだオペラ座風の雰囲気で，パーティは企業のトップたちの異業種交流という感じでした．女性と男性の比率は半数ずつぐらいで，トップといっても女性の方が少ないという感じはなく，女性の登用・躍進を成し遂げた企業を心から祝福しているようでした．

　カタリストは財政的に恵まれたNPOだと言われがちですが，設立当初はあまり権威もなく，財政状態に恵まれていたわけでもなかったそうです．「私たちは企業の意向におもねらない，正確で容赦ない誠実な調査結果を出します．だから企業は私たちを信用し，支援してくれるのです」と，カタリストは言っています．私はこの言葉の中に，毅然として真実を語る勇気，それを支える力量の高さ，女性への広い愛をくみ取りました．

　日本もようやく，カタリスト的な女性と企業に対する二方向の活動が必要な

時期になってきました．女性に対しては，登用・成功，野心の成就を目指す活動です．具体的にはキャリアアップ・トレーニングやキャリア・カウンセリング，情報の提供を行って女性のやる気を促し，職業スキルを高度化して実力を養い，所得をアップさせること，そして役割モデルとなる女性管理職の大幅な増加を促すことです．

　一方企業には，人材資源を開発調査し，既存の能力をフルに活用しながら男性の管理職や同僚を啓発することによって企業文化の変革を促し，企業の成長とイメージに大きく貢献するネットワーク型の活動が，今求められています．

　この10年は，世界にも日本にも，企業にも，企業で働く女性社員にも，そして私にも，大きな変化をもたらしました．変化の速度が早すぎて，私は自分の足元の整理もできず，資料はたまり放題のまま，ひたすら走り続けてきました．多くの人に助けられ，このたびやっと本書を（カタリストのいう女性と企業に対する二方向のテーマで）まとめることができ，本当によかったと思っています．ありがとうございました．中央大学出版部の柴崎郁子さんに感謝．資料をこまめに整理してくれた甲田恭子さんにも．

　引き続きもう1冊，NPOやパートタイム労働，起業について小さな発言をしたいと思っています．

　21世紀は，戦禍と暴力と横暴と貧困と性差別のぶり返しという，とんでもない幕開けになってしまいました．国連の女性に対するさまざまな活動が地球レベルの連帯を紡ぎかけていたのに，またやり直しです．人類の歴史なんて，こういうことなのかもしれません．あきらめずに元気を出して，またここからスタートです．

2003年10月　金谷　千慧子

参考文献

Business in the Community,OPPORTUNITY2000 TOWARDS A BALANCED WORKFORCE；Fourth Year Report executive summary,Business in the Community, 1996.
Catalyst, Cracking the Glass Ceiling : Strategies for Success,Catalyst, 1994.
Catalyst, Creating Women's Networks A How-to guide for women and companies, Jnssey-bases publishers, 1999.
Catalyst,Making Work FLEXIBLE Policy to Practice,Catalyst, 1996.
Catalyst,Two Careers,One Marriage ; Making It Work In The Workplace,Catalyst, 1998.
Catalyst,Women Board Directors of Canada,Catalyst, 1998.
Catalyst,Women in Corporate Management : Results of a Catalyst Survey,Catalyst, 1990.
Catalyst,Women of Color in Corporate Management : Opportunities and Barriers,Catalyst, 1999.

R・M・カンター著／高井葉子訳『企業のなかの男と女』生産性出版，1995年．
ILO編反差別国際運動日本委員会（IMADR-JC）『雇用と職業における平等』解放出版社，2000年．
相原孝夫著『コンピタンシー活用の実際』日本経済新聞社，2002年．
セクハラ問題研究グループ編『会社のセクハラ防止ABC』税務経理協会，1999年．
青島祐子著『ジェンダー・バランスへの挑戦』学文社，1997年．
青島祐子著『女性のキャリア デザイン』学文社，2001年．
浅倉むつ子著『男女雇用平等放論-イギリスと日本』ドメス出版，1991年．
朝日新聞文化財団「企業の社会貢献度調査」委員会編『有力企業の社会貢献度2001・2002』PHP研究所，2001～2002年．
足立孝義著『大競争時代の企業変革』東京経済，1997年．
新将命著『リーダーシップ』日本実業出版社，1995年．
アン ディクソン著／山本光子訳『アサーティブネスのすすめ』柘植書房，1991年．
石渡秋著『女性のための起業・独立ガイド』実務教育出版，1998年．
市川幸子, 芝原脩次著『女性社員の活用事例集』生産性出版，1997年．
井上昭正著『経営革新の教育・研修戦略』生産性出版，1994年．
井上昭正著『研修インストラクターという仕事』ペリカン社，1995年．
井上昭正著『女性社員活用の人事戦略』日本能率協会マネジメントセンター，1992年．
井上昭正著『天職を掴む』河出書房，1996年．
井上昭正著『ボトムアップ戦略会議』中部産業連盟，2000年．
井上輝子, 江原由美子編『女性のデータブック第3版』有斐閣，1995年．
岩舩展子, 渋谷武子著『アサーティブ』PHP研究所，1999年．
ウイリアム・マーサー社著『戦略人材マネジメント』東洋経済新報社，2000年．
ウーテ・エーアハルト著／平野郷子訳『毎日のわたしに自信がもてる20の方法』講談社，20

00年.

エイミー・ドミニ著／山本利明訳『社会的責任投資』木鐸社, 1999年.

江上節子著『リーダーシップの未来』同友館, 1998年.

江藤小織著『女性社員はこうすれば働く』ダイヤモンド社, 1991年.

エドガー H・シャイン著／二村敏子, 三善勝代訳『キャリア・ダイナミクス』白桃書房, 1991年.

M&W ネットワーキング編『管理職のための女性を活かす職場学』NTT 出版, 1991年.

MBA 研究会著『MBA 留学』株式会社アルク, 1990年.

大石友子著『女性の働き方ガイド』(財)経済産業調査会, 2001年.

大浦勇三著『グローバル・スタンダード革命』東洋経済新報社, 1997年.

太田隆二著『人事革命コンピタンシー』経営書院, 2000年.

大塚葉著『やりたい仕事で豊かに暮らす法』WAVE 出版, 2002年.

大寺大志著『コンピテンシー マネジメント』日経連出版部, 2000年.

大野朗子, 林瑞恵, 杉藤雅子他「ヨーロッパ統合とジェンダー～統合が女性にもたらしたもの」『時の法令』No.1503～1505, 大蔵省印刷局, 1996年4月～1998年7月.

大橋由香子, 塚田和子編『女性が働きやすい会社案内』晶文社, 1993年.

大脇雅子, 中野麻美, 林陽子著『働く女たちの裁判』学陽書房, 1986年.

岡村清子, 亀田温子編『入門職業とジェンダー』日本評論社, 1998年.

小野公一著『職務満足感と生活満足感』白桃書房, 1993年.

会社四季報『女子学生就職版』1999年度版～2004年度版, 東洋経済新報社, 1998～2003年.

格付投資情報センター編『格付け Q&A-決まり方から使い方まで』日本経済新聞社, 2001年.

鹿嶋敬著『男女摩擦』岩波書店, 2000年.

柏木宏著『アメリカにおけるセクシュアル・ハラスメント』解放出版社, 1999年.

柏木宏著『企業経営と人権』解放出版社, 1993年.

加藤貫著『人材革命』日本医療企画, 1996年.

金井壽宏著『働く人のためのキャリア・デザイン』PHP 研究所, 2002年.

金井壽宏著『ライフ キャリア カウンセリング』生産性出版, 2002年.

金井壽宏著『会社と個人を元気にするキャリア・カウンセリング』日本経済新聞社, 2003年.

金谷千慧子「2000年. カタリスト賞受賞パーティに招かれて」『時の法令』No.1615, 大蔵省印刷局, 2000年.

金谷千慧子「アメリカのビジネス界における女性の実情-カタリストセンサスより」『時の法令』No.1617, 大蔵省印刷局, 2000年.

金谷千慧子「ポジティブ・アクションをすすめるために」『時の法令』No.1619, 大蔵省印刷局, 2000年.

金谷千慧子「ヨーロッパのポジティブ・アクション」『時の法令』No.1621, 大蔵省印刷局, 2000年.

金谷千慧子「女性とリーダーシップ」『時の法令』No.1623, 大蔵省印刷局, 2000年.

金谷千慧子「アメリカの人材育成と NPO」『時の法令』No.1625, 大蔵省印刷局, 2000年.

金谷千慧子「EUで最新の女性労働政策を聞く」『時の法令』No.1629，大蔵省印刷局，2000年．

金谷千慧子「女性の昇進は企業が生き残るための戦略」『時の法令』No.1631，大蔵省印刷局，2000年．

金谷千慧子「企業で働く30代女性が期待すること」『時の法令』No.1635，大蔵省印刷局，2001年．

金谷千慧子「女性が働きやすい企業の指標とは？」『時の法令』No.1637，大蔵省印刷局，2001年．

川喜多好恵著『自分でできるキャリア・カウンセリング』創元社，1995年．

鬼頭豊著『教育訓練の効果測定と評価』日本能率協会，1983年．

木村愛子「ILOにおける男女労働者の平等と保護」『女性と仕事ジャーナル』No 4，女性と仕事研究所，1995年．

キャサリンA・マッキノン著／村山惇彦監訳／志田昇訳『セクシャル・ハラスメントオフワーキング・ウィメン』こうち書房，1999年．

キャタリスト著／神立景子訳『女性に開かれた雇用モデル−米国トップ企業のベスト・プラクティス』㈱ピアソン・エデュケーション，1999年．

クリストファーA・バートレット・スマントラゴシャール著／梅津祐良訳『MBAのグローバル経営』日本能率協会マネジメントセンター，1998年．

グロービス・マネジメント・インスティテュート編著『MBAマネジメント・ブック』ダイヤモンド社，2002年．

グロービス・マネジメント・インスティテュート著『キャリアを考える技術・つくる技術』東洋経済新報社，2001年．

グロービス・マネジメント・インスティテュート著『個を活かし企業を変える』東洋経済新報社，2002年．

ゲーリー・S・トプチック著／有賀裕子訳『ネガティブな部下とどうつきあえばいいのか』ダイヤモンド社，2002年．

ゲイル・エバンス著／桜田直美訳『有能な女はなぜ，無能な男ほど評価されないのか』角川書店，2001年．

厚生労働省雇用均等・児童家庭局編『女性労働白書−働く女性の実情』平成11〜14年版，（財）21世紀職業財団，2000〜2003年．

合合美江著『女性のキャリア開発とメンタリング−行政組織を事例にして』文眞堂，1998年．

小久保厚郎『イノベーションを生み出す秘訣』ダイヤモンド社，1998年．

小杉俊哉著『キャリア・コンピタンシー』日本能率協会マネジメントセンター，2002年．

後藤敏夫編著『職場のリーダーシップをめぐる問題事例』学陽書房，1978年．

小林惠智著『入門セルフ・コーティング』PHP研究所，2002年．

小林惠智著『入門チームマネジメント』PHP研究所，2001年．

齋藤槇著『企業評価の新しいモノサシ』生産性出版，2000年．

齋藤毅憲，幸田浩文著『女性のための経営学』中央経済社，1993年．

齋藤茂太著『女性がカベにぶつかった時読む本』大和書房，1999年．
齋藤孝著『会議革命』PHP研究所，2002年．
佐々木直彦著『キャリアの教科書-自分の人生。自分の仕事』PHP研究所，2003年．
佐野陽子，嶋根政充，志号澄人編著『ジェンダー・マネジメント』東洋経済新報社，2001年．
柴山恵美子，藤井治枝，渡辺峻編著『各国企業の働く女性たち』ミネルヴァ書房，2000年．
清水龍宝編著『エキスパートシステムによる最新企業評価論』千倉書房，1993年．
財団法人社会経済生産性本部編『評価・処遇システムの新設計-事例にみる21世紀への展望』（財）社会経済生産性本部労働部・生産性労働情報センター，1994年．
社会政策学会編『グローバリゼーションと社会政策』法律文化社，2002年．
社会政策学会年報第39集『現代日本のホワイトカラー』御茶の水書房，1995年．
職業能力開発大学校研修研究センター編『女性の職業能力開発に関する調査』調査研究報告書№89，雇用促進事業団職業能力開発大学校研修研究センター，1997年．
女性と仕事研究所『女子学生の就職活動からみる企業評価調査報告書』2003年．
女性と仕事研究所『女性社員登用に関する企業評価調査報告書』2003年．
女性と仕事研究所『女性と仕事ジャーナル』7号1999年3月，8号2000年4月，9号2001年8月，第10号2002年8月．
女性と仕事研究所『人間らしい職務満足感と生活満足感に関する調査報告書』2000年．
女性と仕事研究所『米国Catalyst招聘シンポジウム「アメリカ勝ち組企業に学ぶ」報告書』2001年．
白井澄著『研修プログラムつくり方すすめ方』経林書房，1989年．
人口問題審議会編『人口減少社会、未来への責任と選択』ぎょうせい，1998年．
ダイヤモンド・ハーバード・ビジネス編集部編『戦略的マネージャーの本質と経営行動』ダイヤモンド社，1997年．
高巖編著『ECS2000このように倫理法令遵守マネジメント・システムを構築する』日科技連出版社，2001年．
高井葉子「企業における男と女」『日米女性ジャーナル』№14，日米女性センター，1993年8月．
高橋俊介，植田寿乃著『30歳からの幸せになるキャリアの見つけ方』かんき出版，2003年．
高橋俊介著『キャリアショック』東洋経済新潮社，2000年．
竹信三恵子著『ワークシェアリングの実像』岩波書店，2002年．
橘・フクシマ・咲江著『40歳までに売れるキャリアの作り方』講談社，2003年．
橘・フクシマ・咲江著『売れる人材-エグゼクティブ・リサーチの現場から』日経BP社，2000年．
田中久夫，田島伸浩著『人材育成ガイドブック』日経連広報部，1997年．
田畑興治著『女性社員が会社を変える』毎日出版社，1999年．
男女共同参画研究会報告「女性の活躍と企業業績」経済産業省，2003年．
中小企業庁編「中小企業白書」2001・2002・2003年度版，ぎょうせい，2001～2003年．

筒井清子，山岡熙子編『グローバル化と平等雇用』学文社，2003年．
堤江美著『女性社員を活かして使う』同友館，1996年．
財団法人東京女性財団『世界のアファーマティブ・アクション-諸外国におけるアファーマティブ・アクション法制（資料集）』（財）東京女性財団，1995年．
財団法人東京女性財団『諸外国のアファーマティブ・アクション法制-雇用の分野にみる法制度とその運用実態』（財）東京女性財団，1996年．
トルーディ・ヘラー著／矢嶋仁訳『リーダーとしての女性そして男性』勁草書房，1985年．
長坂寿久著『オランダモデル』日本経済評論社，2000年．
中島通子，山田省三，中下裕子著『男女同一賃金』有斐閣，1994年．
中野麻美，森ますみ，木下武男著『労働ビッグバンと女の賃金』青木書店，1998年．
中山佳久著『MBAの仕事』PHP研究所，1998年．
ナンシーK・シュロスバーグ著／武田圭太，立野了嗣訳『「選職社会」転機を活かせ』日本マンパワー出版，2000年．
日仏資料センター「ECの女性政策-第三次男女機会均等推進中期行動計画（1991～1995）」『女性空間』No.10，1993年．
日米女性センター『日米女性ジャーナル』No.17，1994年．
日経連ダイバーシティ・ワーク・ルール研究会編「原点回帰-ダイバーシティ・マネジメントの方向性-」日本経営者団体連盟，2002年．
日本ペイ・エクイティ研究会『平等へのチャレンジ カナダ・オンタリオ州のペイ・エクイティ法とその運用』日本ペイ・エクイティ研究会，1996．
野原蓉子著『カウンセリングマインドの育て方』（財）公務研修協議会，2002年．
バーデン・ユンソン著／加藤真樹子訳『ロジカルネゴシエーション』PHP研究所，2002年．
パク・ジョアン・スックチャ著『会社人間が会社をつぶす-ワークライフバランスの提案』朝日新聞社，2002年．
波頭亮著『ポスト終身雇用』PHP研究所，1994年．
荻原勝編『職種別・階層別人事考課表・自己評価表とつくり方』経営書院，1996年．
箱田忠昭著『成功するプレゼンテーション』日本経済新聞社，1991年．
濱口桂一郎著『増補版EU労働法の研究』日本労働研究機構，1998年．
濱口桂一郎「新世紀を迎えたEUの男女均等法制」『女性と仕事ジャーナル』No.10，女性と仕事研究所，2002年．
坂野尚子著『自分でできるキャリア・カウンセリング』日本法令，2000年．
P・H・ドラッカー著／上田惇生訳『明日を支配するもの』ダイヤモンド社，1999年．
P・H・ドラッカー著／上田惇生訳『チェンジ・リーダーの条件』ダイヤモンド社，2000年．
P・H・ドラッカー著／上田惇生訳『ネクスト・ソサエティ』ダイヤモンド社，2002年．
P・H・ドラッカー著／上田惇生訳『プロフェショナルの条件』ダイヤモンド社，1999年．
平松陽一著『教育研修の効果測定と評価のしかた』インターワーク出版，2001年．
藤井治枝著『日本型企業社会と女性労働』ミネルヴァ書房，1995年．
藤井治枝／渡辺峻編著『日本企業の働く女性たち』ミネルヴァ書房，1998年．

藤井則彦著『女性のヤル気が出る会社』日本文芸社，1999年．
藤井義彦著『自分を高めるキャリアメイキング』PHP研究所，2002年．
船川淳志著『変革リーダーの技術』オーエス出版社，2001年．
ベティL．ハラガン著／福沢恵子，水野谷悦子訳『ビジネス・ゲーム』WAVE出版，1993年．
ホーン・川嶋瑤子著『女子労働と労働市場構造の分析』日本経済評論社，1985年．
ホーン・川嶋瑤子著「賃金平等と雇用機会均等の新しい定義－コンパラブルワースとアファーマティブアクション」『日米女性ジャーナル』№1，日米女性情報センター，1988年春．
ボニー・ウイリアムズ著／加藤節雄訳『コミュニケーションギャップ』青春出版社，2000年．
本多信一著『これから伸びる職業』毎日新聞社，2000年．
本多淳亮著『男女雇用平等法とはなにか』ダイヤモンド社，1984年．
本田勝嗣著『メンタリングの技術』オーエス出版社，2000年．
マーゴ・マリー著／宮川雅明，坂本裕司，川瀬誠訳『メンタリングの奇跡』PHP研究所，2002年．
マイケル・ノートン著／四本健二訳『企業の社会貢献ハンドブック』（株）トライ，1992年．
益永研・フジチュー相互企画部著『未来への投資』フォレスト出版，1998年．
マリリン・ローデン著／山崎武也訳『フェミニン・リーダーシップ』日本能率協会，1987年．
宮地光子著『平等への女たちの挑戦』明石書店，1996年．
モーゲンウイッツエル著／内田学監訳／山本洋介，内田由里子訳『MBA式勉強法』東洋経済新報社，2001年．
守谷雄司著『リーダーシップが面白いほど身につく本』中経出版，1991年．
森清著『仕事術』岩波新書645，岩波書店，1999年．
森田ゆり著『多様性トレーニングガイド』解放出版社，2000年．
山内英貴著『オルタナティブ投資入門』東洋経済新報社，2002年．
山田修著『MBA社長の「ロジカル・マネジメント」－私の方法』講談社，2002年．
山田みどり著『女性人材の育て方と育ち方』ビジネス社，1993年．
結城実恵子著『「仕事」というライフライン』ユック舎，2001年．
横山哲夫，小川信男，呉守夫著『キャリア・カウンセリング』生産性出版，1995年．
横山哲夫著『事例キャリア・カウンセリング』生産性出版，1999年．
労働省婦人局編『男女雇用機会均等法の課題と諸外国の法制度』新日本法規，1996年．
Roger Fisher他著／野々垣武子，仲谷栄一郎訳『ハーバード流交渉は世界を変える』荒竹出版，1997年．
若松茂美，上山信一，織山和久著『変革のマネジメント』NTT出版，1993年．
脇坂明著『職場類型と女性のキャリア形成』御茶の水書房，1993年．
渡邊俊一，三宅充祝著『リーダーシップを鍛えるトレーニングブック』かんき出版，2002年．
渡辺一明著『コンピタンシー成果主義人事』日本実業出版社，2000年．
渡辺三枝子／E・L・ハー著『キャリアカウンセリング入門』ナカニシヤ出版，2001年．

Index

[あ]

ILO175号パート条約，182号勧告 ……… 11
アサーティブ・トレーニング ……… 57, 58
アファーマティブ・アクション ……… 17, 84
　　88, 109, 144, 146, 151, 158
アンペイドワーク ……… 14, 15

[い]

イーコム社（ドイツ） ……… 169
EC ……… 18, 151-154, 156
EU ……… 18, 19, 146, 151, 152, 156
育児・介護休業 ……… 16
育成の第二段階 ……… 119
一般職 ……… 50, 51
インターンシップ ……… 44

[え]

SRI ……… 136, 164, 167-169
エティベル社（ベルギー） ……… 168
NGO ……… 158, 165, 169
NPO ……… 7, 8
　　16, 55, 149, 158, 164, 165, 174
M字型就業形態 ……… 9, 14
MBAホルダー ……… 19, 27
エンプロイアビリティ ……… 40, 51, 54

[お]

OJT（On the Job trainig） ……… 62, 71
　　73, 108, 109, 114, 116, 117
OFF-JT ……… 114
オープンな評価制度 ……… 65

[か]

カタリスト ……… 67, 75, 76, 165-167
カタリスト賞 ……… 76, 165-167
ガラスの天井 ……… 2, 17, 87, 90, 173
カンター理論 ……… 84, 87, 88

[き]

起業 ……… 6, 7, 19, 53, 107
企業の社会的責任 ……… 113
　　157, 158, 161, 163, 172, 173
企業倫理 ……… 158-163
キャリア ……… 1-3, 5
　　6, 10, 15, 19, 23, 24, 26, 27, 33, 39-45,
　　51, 52, 55-68, 70-72, 74, 78, 81, 85, 89,
　　90, 101, 105, 107-110, 114-119, 123, 124,
　　127, 138, 142, 143, 155, 165, 166, 172, 175,
　　176, 179
キャリア・アップ ……… 2, 5
キャリア・カウンセリング ……… 44, 55-58
キャリア・デザイン ……… 1, 55
キャリア・パス ……… 27, 56, 110, 115, 118
キャリア・プラン ……… 55-58, 71, 101, 105, 117
キャリアモデル ……… 56, 90, 110
均等待遇の原則 ……… 10, 11
均等法・改正均等法 ……… 2, 3
　　22-24, 40, 45, 49, 84, 89, 106, 113, 118,
　　138, 147, 152, 161, 172

[く]

クォータ・システム ……… 146, 147, 158

189

[け]

経営マインド ……………………119, 125

[こ]

コミュニケーション能力 …………80, 101, 106
コンピタンシー ………………40, 103, 104

[さ]

採用・育成・登用の循環 ……………………143

[し]

CEP 経済優先研究所 ……………………158
ジェンダー ……………………2-5, 18
　19, 23, 32, 33, 47, 60, 83-85, 87, 89-91,
　101, 127, 130, 138-140, 173
自己啓発 ……………64, 66, 98, 101, 106, 114
社会的責任投資 ……………136, 163, 164, 167
職業の三要素 ……………………33
「女子学生の就職活動からみる企業評価調査」
　……………………40
女性差別撤廃条約（女子に対するあらゆる形態
　の差別の撤廃に関する条約） ……3, 140, 151
女性社員育成の 7 段階 ……………………104
女性のキャリア形成プランニング ……………70
ジョブローテーション ……………………105
人的資源 ……………64, 66, 84, 85, 92
　149, 156, 168

[す]

ストレスマネージメント ……………………20

[せ]

成果主義 ……40, 65, 103, 104, 114, 137, 149
セクシャル・ハラスメント ……………………22
　102, 161, 162
セルフコントロール ……………………20

[そ]

総合職 ……………………50, 51, 89
SOHO ……………………7

[た]

第 3 号被保険者 ……………………10, 15, 140
ダイバーシティ ……94, 96, 135, 136, 174, 1/5

[に]

日本的経営 ……………………138, 139

[は]

パートタイマー ……………………8
配偶者控除 ……………………10
配偶者手当 ……………………10
派遣労働 ……………………8, 14

[ひ]

PDCA ……………………63, 71, 117
ビジネス・ファンダメンタルズ ……………125
ビジョン ……………2, 25, 53, 58, 59
　92, 100, 105, 111, 123, 129, 165, 179
評価基準 ……………………2
　25, 49, 76, 139-141, 172, 173, 174

[ふ]

ファミリー・フレンドリー企業 ……………173
フェミニン・リーダーシップ ……………84, 98
フォーチュン ……………17, 74, 165, 166
プラン・ドゥ・シー（Plan Do Check Action）
　……………………63, 71, 117
フリーター ……………………43, 54
プレゼンテーション ……………………126

[へ]

米国三菱自動車セクハラ事件 ……………162

[ほ]

ポジティブ・アクション ……………2，5，6，22
　23，25，27，28，30-32，88，99，106，137，
　139，141，146-156，158，174，179

[ま]

丸子警報機事件 ……………………………10

[め]

メンター ……………………5，20，68，69
　70-75，107-110，132，133，143，174
メンタリング …72-74，76，107-110，143，144
メンティ ……………………………107，108

[り]

リーダーシップ …………………………5，37
　53，67-69，75，76，80，84，92-94，98，99，
　100，106，111，122，129，138

[ろ]

ローマ条約 …………………………………18
ロールモデル ………………2，5，25，26，27

[わ]

ワーカーズコレクティブ ……………………8
ワークライフバランス ……………124，158

191

| 著者略歴 | 金谷 千慧子（かなたに ちえこ） |

　大阪市出身．大阪市立大学法学部，同大学院修士課程・大阪市立大学経済学部大学院前期博士課程修了．1986年に主婦の再就職センターを設立，1993年より「女性と仕事研究所（2000年特定非営利活動法人格を取得）」として活動を広げる．京都府女性政策推進専門家委員，東大阪私立男女共同参画センターディレクター，中央大学研究開発機構教授を歴任．
　現在「女性と仕事研究所」代表理事の他，中央大学・関西大学非常勤講師，兵庫県川西市労働問題審議会委員（座長），三重県生活部女性活躍推進委員会委員（会長）等も務めている．『未来社会をつくる女性の経営マネージメント』（中央大学出版部），『わたし・仕事・みらい』（嵯峨野書院），『新・女子労働論』（共著：竹中恵美子編，有斐閣），『女の企業が世界をかえる』（国際交流基金編，啓文社）等，著書・共著書多数．

企業を変える　女性のキャリア・マネージメント

2003年10月30日　初版第1刷発行
2009年12月1日　初版第5刷発行

著　者　　金谷千慧子

発行者　　玉造竹彦
　　　　　東京都八王子市東中野742-1　〒192-0393
　　　　　電話 042(674)2351　FAX 042(674)2354
　　　　　http://www2.chuo-u.ac.jp/up/

装　幀　　清水淳子
印刷・製本　藤原印刷株式会社

Ⓒ Chieko Kanatani, 2003 Printed in Japan〈検印廃止〉
　ISBN978-4-8057-6148-9
＊定価はカバーに表示してあります．
＊本書の無断複写は，著作権上での例外を除き禁じられています．
　本書を複写される場合は，その都度当発行所の許諾を得てください．